So geht's mir gut

Angela Goldbach

So geht's mir gut

Wie wir Frauen uns richtig wohl fühlen können

Integral

Erste Auflage 1998
Copyright © by Scherz Verlag, Bern München, Wien, für den
Integral Verlag.
Alle Rechte der Verbreitung, auch durch Funk, Fernsehen,
fotomechanische Wiedergabe, Tonträger jeder Art und
auszugsweisen Nachdruck sowie der Übersetzung, sind vorbehalten.
Illustrationen: Beate Willich
Einbandgestaltung: Zembsch' Werkstatt, München, unter Verwendung
eines Bildes von Michael Parkes, «Strawberry Season» 1979, oil on canvas
© 1997 by Steltman Galleries, Amsterdam – New York

Inhalt

Vorwort

Kennen Sie das Bedürfnis nach einer Ruhepause, in der Sie Atem holen und sich auf das eigene Selbst besinnen können? Fühlen Sie sich manchmal in einer öden Alltagsroutine gefangen und fragen sich, wie Sie aus ihr ausbrechen können?

In einer Lebensumwelt, die an uns Frauen immer größere Ansprüche stellt, sind Rückzugsinseln für Geist und Körper überlebenswichtig. Wir brauchen diese Oasen, um uns zu entspannen, zu entfalten, zu unseren Wünschen und Wurzeln zu finden, unser verschüttetes inneres Kind freizuschaufeln, die Lust an Spiel, Fröhlichkeit, sinnlichen Freuden (wieder-) zu entdecken oder auch, um uns Gefühlen der Trauer hinzugeben.

Viele Frauen sind in starren Rollen gefangen, die sich im Laufe der Zeit wie ein Panzer um sie geschlossen haben. Wenn sich eine Frau dieses einengenden Panzers bewußt wird, ist er häufig bereits so eng und verhärtet, daß sie resigniert, weil ihr der Kampf dagegen zu anstrengend erscheint.

Kampf gegen starre Rollen

Selbstbeobachtung:
in sich hineinhorchen

Doch frau kann durchaus die ungeliebten Rollen ohne größeren Aufwand abstreifen und neue entdecken. Das ist gar nicht so schwer. Die erste Voraussetzung ist eine sensible *Selbstbeobachtung.* Anstatt sich nach Terminen, «Machbarkeiten» oder den Wünschen und Anforderungen anderer zu richten, sollten wir anfangen, in uns hineinzuhorchen: Was bedeutet dieses Unlustgefühl, dieser Kopfschmerz oder jene Muskelverspannung in einer bestimmten Situation? Was will mein Körper mir mit diesem Symptom sagen? Betrachten wir unseren Körper doch einmal als einen ernstzunehmenden Gesprächspartner, und wir werden erstaunt entdecken, wie weise und wissend er ist und daß er uns viel zu sagen hat.

Mut zu Neuem

Die zweite Voraussetzung für eine Veränderung ist der Mut, einmal etwas Neues auszuprobieren. In diesem Buch finden Sie eine Menge konkreter Vorschläge, die sich allesamt leicht verwirklichen lassen. Mit ihrer Hilfe werden Sie ungeahnten Mut in sich entdecken und feststellen, daß neue Tätigkeiten, die Sie ausprobieren, Ihnen nicht angst machen, sondern im Gegenteil Ihr Selbstvertrauen stärken.

Der Phantasie freien Lauf
lassen

Und schließlich möchte ich noch eine weitere Voraussetzung nennen: *Phantasie.* Auf meine Frage, was Frauen guttut, wenn sie sich schlecht fühlen, bekomme ich nicht selten zuerst die Antwort: «Weiß nicht.»

Und was würden Sie antworten?

Erst wenn ich nachfrage, die Frauen auffordere, sich Beschäftigungen zu notieren, die ihnen gefallen und die für sie tröstlich sind, wird ihnen häufig bewußt, daß sie an vielen Dingen Spaß hätten – vom Spaziergang in einem warmem Sommerregen über Verkleidungen, sinnliche Genüsse aller Art bis hin zu bestimmten Ritualen, etwa der Entspannung und Körperpflege.

Lassen Sie sich mit diesem Buch inspirieren. Es gibt unzählige Wege, seine innere Mitte zu finden. Probieren Sie so viele wie möglich aus, lernen Sie alle kennen, um zu entscheiden, was für Sie das beste ist. Und vor allem: Tun Sie, was für Sie gut ist. Vielleicht haben Sie das Bedürfnis, sich körperlich und seelisch zu reinigen. Oder Sie möchten Ihr Selbstvertrauen stärken. Viele Frauen tun sich schwer damit, nein zu sagen. Üben Sie das, wenn Sie zu diesen gehören. Oder lassen Sie einmal so richtig Dampf ab. Erlauben Sie sich Dinge, die Ihnen bisher unerlaubt erschienen sind. Lassen Sie auch Ihre geheimsten Wünsche zu. Genießen Sie es, aus dem Rahmen zu fallen. Seien Sie doch einmal kratzbürstig und zickig zu anderen, aber seien Sie immer zärtlich und gut zu sich selbst!

Tun Sie alles, was Ihnen guttut

Im folgenden erhalten Sie viele Anregungen, wie Sie mit Hilfe von Meditation, Massagen, bestimmten Ritualen, ätherischen Ölen, Farben oder Nahrungsmitteln Ihre Stimmung, z. B. in Streß- oder Depressionsphasen, positiv beeinflussen können. Innere Schönheit spiegelt sich in unserem Äußeren wider:

Glück und Gesundheit,
Geist und Körper bedingen
sich gegenseitig

Wollen wir schön und schlank sein, so setzt dies innere – körperliche wie seelische – Reinigung voraus. Solche ganzheitlichen Prozesse bewirken immer Verschiedenes gleichzeitig: Die körperliche Entschlackung, etwa durch Heilfasten, führt zu einer besonderen Intensivierung von Gefühlen. Umgekehrt können Visualisierungen und Meditationen spürbar körperliche Abläufe beeinflussen: Regel- oder Spannungskopfschmerzen lassen sich durch konzentrierte Autosuggestion vermindern oder sogar beseitigen, Stimmungen und selbst Verhaltensweisen lassen sich lenken.

Ich lade Sie ein, meine Vorschläge auszuprobieren, zu variieren und zu ergänzen. Vielleicht machen Sie Erfahrungen, die Sie weitergeben wollen. Für Rückmeldungen wäre ich dankbar.

Zur Entstehung dieses Buches

Niemals wird dir ein Wunsch gegeben,
ohne daß dir auch die Kraft verliehen würde,
ihn zu verwirklichen. Es mag allerdings sein,
daß du dich dafür anstrengen mußt.

Richard Bach

Dieses Buch ist das Zeugnis der wunderbaren Verwandlung einer häßlichen, dummen, dicken Raupe in einen hübschen, glücklich-leichten Schmetterling.

Die häßliche, dumme, dicke Raupe war ich, noch vor zwei Jahren, oder jedenfalls kam ich mir so vor, was aufs gleiche hinausläuft: Nach einigen Jahren des Hausfrauen- und Mutterdaseins fühlte ich mich müde und unattraktiv. Der frühere Glanz war verschwunden.

Wenn ich Fotos von mir als lachendem, zuversichtlich in die Kamera blickendem Kind ansah oder Schnappschüsse aus fröhlichen Studententagen, kamen mir die Tränen. Was war aus der jungen, selbstbewußten Frau geworden, die schon als Volontärin so schwungvoll und erfolgreich ihre Arbeit tat, daß ihr nach verkürzter Ausbildungszeit eine verantwortliche Position angeboten wurde?

Als sich mein drittes Kind ankündigte, wußte ich endgültig, daß die berufliche Karriere reine Phantasie bleiben würde. Aber es kam noch schlimmer: Hatte mein Mann mich anfangs noch entlastet und mir hin und wieder die Kinder abgenommen, damit ich mal allein zum Sport gehen konnte, so zog er sich nun immer stärker aus dem Familienleben zurück. Durch einen Zufall entdeckte ich, daß er ein Verhältnis mit einer Kollegin hatte, einer schönen, erfolgreichen, selbstbewußten Frau, die ihr Leben in die eigenen Hände nahm. Die Untreue meines Mannes war schlimm, aber beinahe mehr noch erschütterte mich der Vergleich, den ich zwischen mir und «ihr» anstellte: Nach drei Kindern waren meine Formen nicht mehr die eines jungen Mädchens. Ich war auch nicht mehr so gepflegt wie einst – wie auch? Und wenn ich ehrlich war, mußte ich zugeben, daß mein Interessenhorizont kaum noch über die alltäglichen kleinen Ereignisse hinausging. Wie konnte ich da für meinen Mann noch eine interessante Gesprächspartnerin sein?

Nagende Selbstzweifel taten ihr zerstörerisches Werk. Den Rest gab mir meine Schwiegermutter, die allein mich für den Ehebruch und das sich anbahnende Scheitern der Ehe verantwortlich machte. Ich ließ mich immer mehr gehen, war nur noch unglücklich, gab mich Anfällen von Schokoladensucht hin und nahm immer öfter mal eine Tablette, einen der gefährlichen «Stimmungsaufheller».

Aber irgendwo in mir muß doch ein Rest Stolz gewesen sein: Wie aus heiterem Himmel traf mich die Erkenntnis, daß ich mich in einem billigen Film befand, in einem Klischee feststeckte, das für mich früher undenkbar gewesen wäre – und es eigentlich auch immer noch war. Es konnte doch wohl nicht wahr sein, daß dies mein Leben sein sollte, daß ich daran nichts mehr verändern konnte! Nein, nein, nein, halt und stop!

Und von dem Augenblick an ging es bergauf.

Wer außer mir sollte schon meine Lage verändern! Ich machte eine Bestandsaufnahme, sammelte alles, was mich an meinem Leben, an mir selbst störte und was ich dringend zu ändern wünschte. Die Liste wurde sehr lang. Dann fing ich an zu überlegen, wie diese Veränderungen praktisch umzusetzen wären.

Wieder machte ich mir eine Liste und bemühte mich um ein möglichst kleinschrittiges Vorgehen. Ich notierte also nicht: «Ich will mehr Zeit für mich», sondern «Ich will am Montagabend allein sein und ungestört einen Brief schreiben». Allein schon das Sammeln all der Dinge, die ich gern einmal machen wollte, bereitete mir Spaß und regte mich zu immer neuen Einfällen an. Und bei genauerem Hinsehen wurde mir deutlich, daß meine Situation gar nicht so ausweglos war, sondern ich mir eigentlich eine Menge Freiräume schaffen und viel Neues in mir entdecken konnte.

Das Sammeln von Gelegenheiten, zu mir zu finden, mein Selbstvertrauen zu stärken, Schönes in mir zu entdecken, mich zu verwöhnen und mir Gutes zu tun, ist mir mittlerweile zur Gewohnheit geworden. Vieles konnte ich an andere Frauen in ähnlicher Situation weitergeben, viele interessante Vorschläge und Ideen von anderen bekommen. Der Phantasie sind keine Grenzen gesetzt, und es bedarf manchmal nur sehr wenig, um sich aus einem scheinbar ausweglosen Unglück herauszuziehen und zu erkennen, daß das Leben schön und wertvoll ist.

Mein Leben hat sich verändert, ich habe mich verändert, auch die Beziehung zu meinem Mann und meinen Kindern hat sich verändert: Sie ist reifer und reicher geworden, da ich mich heute sehr viel stärker einbringen kann. Die Liebe, die ich für mich selbst empfinde, kann ich an meine Familie weitergeben. Ich bin froh, daß sich für mich der Sinnspruch bewahrheitet hat, der lautet: «Die Chancen von heute löschen die Mißerfolge von gestern aus» (Gene Brown).

Die eigene Kreativität (wieder)entdecken

In diesem Buch stelle ich Ihnen Möglichkeiten vor, wie Sie den verschütteten Zugang zu Ihren Phantasien, Wünschen, zu Ihrem inneren Kind freischaufeln und sich in all Ihrem inneren Reichtum und Ihrer Kreativität neu entdecken lernen. Überlassen Sie sich Ihren ursprünglichen Gefühlen und Bedürfnissen. Lachen Sie oder weinen Sie, wenn Ihnen danach zumute ist, und genießen Sie jede Erfahrung, die Ihnen eine neue funkelnde Facette Ihrer Persönlichkeit enthüllt. Meine Vorschläge sind leicht abzuwandeln und individuellen Wünschen und Vorlieben anzupassen. Allen aber ist gemein, daß sie sich ohne großen Aufwand realisieren lassen.

Querverweise zur leichteren Handhabung

Da sich manche Vorschläge auf thematisch ähnliche Bereiche anwenden lassen, habe ich am Ende der entsprechenden Kapitel auf solche Abschnitte verwiesen. Sie können dieses Buch also leicht entsprechend Ihren jeweiligen Interessen lesen. Darüber hinaus sind die einzelnen Kapitel fünf übergreifenden thematischen Gruppen zugeordnet, die Sie mit Hilfe von Vignetten leicht erkennen und auffinden können. Diese Gruppen spiegeln Grundbereiche wider, die für ein erfülltes Leben und das Wohlgefühl von uns Frauen von großer Bedeutung sind:

steht für den Bereich der Selbsterfahrung und Meditation, für die Reise ins Innere.

symbolisiert den Weg nach außen, unsere Beziehung zu unserer Umwelt.

verweist auf den Körper und umfaßt Themen wie Gesundheit, Schönheit und Körperpflege.

zeigt an, daß es sich um die Sphäre der Lebenslust und der Erfüllung von Wünschen handelt.

bezeichnet den Bereich persönlicher Ausstrahlung und Charisma.

Ich wünsche Ihnen viel Spaß, Erfolg und Glück bei der (Wieder-)Begegnung mit Ihrem ursprünglichen, unverfälschten, schönen Selbst!

Fühl' ich mich wohl?

In dir ist eine Ruhe und ein Refugium,
in das du dich jederzeit zurückziehen
und wo du ganz du selbst sein kannst.

Hermann Hesse

Die Idee eines «Wohlfühltages» ist für manche Frauen zunächst befremdlich: Entweder sie sind eingespannt in Beruf und Familie und leiden unter chronischem Zeitmangel – da wird die Beschäftigung mit sich selbst zu einem unerreichbaren Luxus. Oder sie sind glückliche Hausfrauen bzw. erfolgreich im Beruf und glauben sich ohnehin wohl zu fühlen. Allerdings stellt sich in tiefergehenden Gesprächen oft heraus, daß auch diejenigen, bei denen offensichtlich alles wie am Schnürchen läuft, nicht wirklich glücklich sind. Sie genießen durchaus materielle Sicherheit und Wohlstand; sie haben Karriere gemacht, genießen Ansehen, manchmal sogar Macht. Aber ein wichtiger Bereich kommt bei diesen Frauen oft zu kurz: der Kontakt zu ihren Kindheitsträumen, die Begegnung mit ihrem ganz ursprünglichen – traurigen, zornigen oder fröhlichen – Kindheits-Ich.

Vorsatz:
Ich will mir heute Zeit für eine Bestandsaufnahme nehmen und herausfinden, ob ich mit dem Verlauf meines bisherigen Lebens zufrieden bin.

Welchem Frauentyp Sie sich auch zugehörig fühlen, machen Sie doch einmal einen kleinen Test. Ziehen Sie sich in eine Ecke zurück, in der Sie ungestört nachdenken können. Sie brauchen Stift und Papier, um sich folgendes zu notieren:

1. Versetzen Sie sich in das kleine Mädchen, das Sie mit zehn Jahren waren. Stellen Sie sich so genau wie möglich vor, wie Sie damals gedacht und empfunden haben. Schreiben Sie auf, was Sie vom Leben erwarten, worauf Sie sich freuen, was Sie sich wünschen und wovor Sie sich ängstigen.

2. Versetzen Sie sich nun in die junge Frau, die Sie am Ende Ihrer Schulzeit waren, und wiederholen Sie diese Überlegungen aus der Perspektive einer jungen Erwachsenen.

3. Nun vergleichen Sie Ihre früheren Hoffnungen, Träume und Ängste mit Ihrem heutigen Leben. Welche Wünsche sind Wirklichkeit geworden? Welche Träume unerfüllt geblieben? Welche Ängste ziehen sich wie ein roter Faden durch Ihr Leben oder haben sich im Gegenteil als unbegründet herausgestellt?

4. Als letztes überlegen Sie, wozu Sie Lust hätten. Was würden Sie an Ihrem Leben ändern? Welche dieser Änderungen lassen sich verwirklichen? Was ist schön geworden und ließe sich noch vertiefen? Welche Erfahrungen möchten Sie machen, vielleicht nur ein einziges Mal, vielleicht ganz heimlich? Gehen Sie ganz nah an Ihre Träume heran, scheuen Sie sich nicht, auch die geheimsten Wünsche und Phantasien heraufzubeschwören und aufzuschreiben. Beginnen Sie Ihre Sätze mit: «Ich wünsche mir …» Wenn Ihr Wunsch allgemein ist, also etwa lautet: «Ich wünsche mir einen Mann, ein

Test:
Fühlen Sie sich wohl?

Haus und Kinder», notieren Sie stichpunktartig, welche kleinen Schritte zur Verwirklichung dieses hochgesteckten Zieles gehören, etwa: «Jemanden kennenlernen/Party/Büro /Tanzkurs/Seminar/Chor ...»

Je genauer der Wunsch, desto leichter ist er zu verwirklichen!

Lautet ein Wunsch: «Ich möchte mehr Zeit für mich haben», so überlegen Sie weiter, was Sie mit dieser Zeit anfangen möchten, etwa: lesen, mehr Sport treiben, Musik hören, einen Nachmittag mit einer Freundin in der Stadt bummeln, eine bestimmte Ausstellung besuchen, etwas Neues lernen, malen, musizieren, Tagebuch schreiben, meditieren, in die Sauna gehen, mich massieren lassen, etwas für meine Schönheit tun ...

Je genauer sich ein Wunsch fassen läßt, desto leichter ist er auch zu realisieren. «Mehr Zeit für mich» ist zu vage und läßt sich kaum verwirklichen, aber mit etwas Geschick kann sich jede(r) einmal einen Nachmittag oder Abend für eine bestimmte Unternehmung freischaufeln.

Der erste Schritt zu Wohlbefinden und Lebensfreude

Und schon haben Sie den ersten Schritt getan auf dem Weg, der zunächst zu gelegentlichen und schließlich in der Summe zu einer dauerhaften Grundbefindlichkeit führen soll, die durch Wohlbefinden und Lebensfreude geprägt ist.

Hängen Sie sich Ihre Liste an die Wand, oder bewahren Sie sie an einem Ort auf, zu dem nur Sie Zugang haben. Vielleicht möchten Sie sich ein kleines Signal setzen, das Sie je-

Je genauer ein Wunsch formuliert ist, desto eher läßt er sich auch erfüllen.

derzeit an die Existenz Ihrer Wünsche erinnert, etwa eine Rose auf Ihrem Schreibtisch, ein Gedicht an der Wand, das Ihnen wichtig ist, ein Zitat, ein Band in Ihrer Lieblingsfarbe um Ihren Bettpfosten …

Legen Sie sich ein Tagebuch zu, in das Sie immer, wenn Sie unzufrieden, überarbeitet und überfordert sind, hineinschreiben, was Sie bedrückt. Formulieren Sie Ihre Wünsche sowie die kleinen Schritte, die zu ihrer Verwirklichung führen. Und schließlich sollten Sie eine Spalte vorsehen, in die Sie eintragen, was Sie zur Verwirklichung Ihrer Wünsche unternommen haben. Beschreiben Sie auch das Gefühl von Glück oder Zufriedenheit, das Sie daraufhin empfunden haben.

Affirmation:
In den Tiefen meines Inneren finde ich Klarheit über meine Wünsche und Ziele.
Diese will ich im Auge behalten und verfolgen.

⇨ In mich hineinhorchen: eine Körperreise / Wer bin ich?
/ Vielfalt der Facetten: Verwandlungsspiele

In mich hineinhorchen: eine Körperreise

Jeder Mensch baut sich in seinem Körper
seinen eigenen Tempel.

Henry David Thoreau

Sie haben Bauchschmerzen, und plötzlich wird Ihnen bewußt, daß die in letzter Zeit häufiger auftauchen. Bei der
kürzlich erst durchgeführten gynäkologischen Untersuchung war alles in Ordnung, und doch gibt es neuerdings
einen an derselben Stelle wiederkehrenden Schmerz. Was
hat er zu bedeuten? Vielleicht will Ihr Körper Ihnen mit
diesem Signal zu verstehen geben, daß etwas nicht
stimmt, daß Besinnung und möglicherweise auch Umkehr
erforderlich sind.

Die Sprache des Körpers verstehen lernen: eine Körperreise

Machen Sie eine Phantasiereise durch Ihren Körper, um
der Sache auf den Grund zu gehen. Legen Sie sich bequem
an einen Ort, wo Sie ungestört sind, schließen Sie die Augen, atmen Sie langsam und tief. Lassen Sie Ihre Gedanken
fließen, ohne sie festzuhalten. Bevor Sie auf die Reise
durch Ihren Körper gehen, entspannen Sie sich mit einer
«Muskelrelaxation» (siehe Seite 40), um Körper und Geist
auf die Botschaft vorzubereiten, die Ihr Körper für Sie bereithält.

Betreten Sie Ihren Körper im Geist durch eine Körperöffnung, etwa durch den Mund. Sehen Sie sich um in der Mundhöhle, nehmen Sie die feuchte Wärme, die rötliche gedämpfte Farbe wahr. Begrüßen Sie Ihren Mund, loben Sie ihn für seine gute Arbeit beim Atmen, Sprechen, Kauen, Küssen, Singen, Trinken, Lachen. Streichen Sie sanft über die glatten Innenwände der Wangen und die rauhere Fläche der Zunge. Spüren Sie ihre ständige sensible Bewegung.

Körperreise

Nun wandern Sie langsam weiter und rutschen bequem die Speiseröhre hinunter. Verweilen Sie kurz an der Stelle, wo die Luftröhre abzweigt. Sehen Sie durch die Öffnung, und denken Sie sich weit hinein in das Geflecht aus Bronchialkanälen bis in die Lunge. Horchen Sie auf die gleichmäßig pfeifenden Atemwinde, genießen Sie das ätherisch blaue Licht.

Vorsatz:
Heute werde ich offen sein für die Sprache meines Körpers und ihn als weisen Gesprächspartner begreifen.

Weiter geht es in den Magen und die anderen Organe des Bauches: Bauchspeicheldrüse, Leber, Milz und Galle, Nieren und Darm. Unerläßlich ist ein Besuch bei Herz und Hirn, bei den Sinnes- und Sexualorganen. Wo immer Sie sich aufhalten, welchen Körperteil Sie begrüßen, verweilen Sie in Muße, nehmen Sie jede Einzelheit wahr: Farben, Formen, Temperatur, Gerüche und vor allem Stimmungen. Befragen Sie die inneren Orte nach ihrem Zustand und Wohlbefinden, danken Sie ihnen, loben Sie sie für ihre gute und zuverlässige Arbeit, nehmen Sie ihren Rat mit auf den Weg, oder versprechen Sie, sich in Zukunft aufmerksamer zu verhalten.

Bei den regelmäßig auftauchenden Bauchschmerzen etwa achten Sie besonders darauf, ob sie vom Darm oder von Ihrer Gebärmutter ausgehen. Das finden Sie schnell heraus, wenn Sie besonders auf die Stimmungen dieser Bereiche achten. Diese Stimmungen teilen sich Ihnen mit. Fragen Sie Ihre Gebärmutter, warum sie so traurig ist, daß sie sich gelegentlich schmerz-

haft verkrampft. Was können Sie tun, damit die Ursache des Schmerzes beseitigt wird? Seien Sie besonders liebevoll zu dem leidenden Körperteil, und lassen Sie sich ganz auf dessen Kummer und Schmerz ein. In der Verschmelzung und vollkommenen Identifizierung mit Ihrem Inneren wird Ihnen plötzlich klar, was nicht stimmt. Vielleicht wünschen Sie sich ein Kind, oder Sie sind unglücklich darüber, daß sich sexuelle Leidenschaft mittlerweile in Routine verwandelt hat. Vielleicht spüren Sie, daß Ihr Partner Sie weniger liebevoll behandelt, oder Ihre eigenen Liebesgefühle ihm gegenüber haben sich verflüchtigt. Ob es sich um Enttäuschungen, unerfüllte Wünsche oder eine falsche Lebensweise handelt: Ihr Körper wird es Ihnen sagen, Sie werden plötzlich das Problem erkennen und vielleicht sogar eine Lösung sehen.

Die beglückende Harmonie von Körper und Seele

Affirmation:
Mein Körper hilft mir, meine Probleme zu lösen. Er ist schön und klug, und ich kann mich auf ihn verlassen.

Am Ende der Reise durch Ihren Körper spüren Sie die tiefe Dankbarkeit für die Harmonie, die Sie als ein Mensch empfinden, in dem Körper und Seele zusammenarbeiten und eine untrennbare Einheit darstellen. Sie können sich auf sich verlassen. Sie können in sich die Kraft finden, Probleme aufzuspüren und zu lösen. Vielleicht fühlen Sie sich nach der Körperreise traurig über die erhaltene Botschaft, aber in jedem Fall sind Sie angeregt und gestärkt durch das innere, gewaltige, abenteuerliche Erlebnis.

⇨ Wer bin ich? / Einkehr / Der Intuition vertrauen

Das Selbstvertrauen stärken: Visualisierungen

Selbstvertrauen ist der Schlüssel,
der fast jede Tür öffnet.

Alte Weisheit

Keiner Frau sind sie fremd, die selbstzerstörerischen Gedanken. Wenn unser Selbstwertgefühl auf dem Nullpunkt ist, haben wir oft bereits einen langen Prozeß der Lieblosigkeit hinter uns. Manchmal reicht dann ein Nichts, um uns in abgrundtiefe Unsicherheit zu stürzen. Wir haben es doch immer schon gewußt: Wir sind einfach zu dumm, zu häßlich, zu unattraktiv, zu langweilig, zu …! Unwillkürlich geraten wir in einen Strudel, in dem wir uns mit unserer vernichtenden Selbstkritik immer weiter hinunterziehen.

Der zerstörerische Kreislauf der Selbstkritik

Dabei gibt es ganz einfache Methoden, dieser Raserei gegen sich selbst Einhalt zu gebieten. Als ich in der größten Krise meines Lebens nichts Gutes mehr an mir entdecken konnte, ging ich sogar so weit, mein negatives Selbstbild systematisieren, also mir geradezu «wissenschaftlich» beweisen zu wollen, daß nichts mehr mit mir los war. Ich setzte mich hin und schrieb alle meine negativen Eigenschaften auf. Doch als ich es fast nicht mehr aushielt, regte sich in mir plötzlich ein leiser Widerspruch. Allmählich ließ ich diese innere Stimme zu Wort kommen, und es entspann sich ein Dialog:

Die inneren Stimmen zu   Während die kritische Stimme behauptete, ich sähe unge-
Wort kommen lassen   pflegt und schlampig aus, erwähnte die andere Stimme,
                               daß es nicht schwierig sei, mich hübsch zu machen. Zu je-
                               dem Negativpunkt brachte sie ein Gegenargument, und es
                               klang in jedem Fall vernünftig.

Vorsatz: Dieses Gespräch machte mir Mut, ich fing noch mal von
Ich will gerecht sein und   vorn an: Diesmal erstellte ich eine zweispaltige Liste, trug
alle Stimmen in mir zu   links die Kritikpunkte ein und ließ rechts meine positive
Wort kommen lassen.   innere Stimme darauf antworten.

Ein ehrliches Selbstbild   Ich habe diesen Dialog seitdem nicht mehr abreißen las-
pflegen   sen. Er hilft mir, mich selbst zu bestimmen. So hat sich mit
                               der Zeit ein Bild von einer Frau mit positiven und negati-
                               ven Zügen entwickelt, ein ehrliches und offenes Portrait,
                               auf das ich stolz bin. Hierzu kann ich stehen. Diesem
                               Selbst mit seinen hellen und dunklen Seiten kann ich ver-
                               trauen und aus ihm Stärke beziehen. Und wenn es mal
                               wieder ans Eingemachte geht und ich mich sehr unsicher
                               fühle, sehe ich mir meine Liste an und suche mir eine
                               meiner positiven Eigenschaften aus, um darüber zu medi-
                               tieren.

Positive Visualisierung   *Beispielsweise sehe ich mich bei einem sommerlichen Gartenfest.*
                               Ich trage mein Lieblingskleid, fühle mich schön und beschwingt.
                               Meine besten Freunde sind da, Menschen, die mich schätzen
                               und lieben. Wir lachen glücklich miteinander, die Stimmung ist
                               heiter und ausgelassen. Die Luft ist von zarten Blütendüften er-

füllt, ich höre das Plätschern eines Baches und die ersten Rufe eines Nachtvogels. Das Büfett enthält meine Lieblingsspeisen, und der Wein ist köstlich und berauschend. Eine Hand streicht mir sinnlich über den Rücken. Ich fühle mich angenommen und geliebt.

Visualisierungen haben eine ungeheure Power. Sie können unsere Verhaltensweisen und körperlichen Abläufe beeinflussen. Denken wir nur einmal an die suggestive Kraft bestimmter Bilder: Die Vorstellung von unserer Lieblingsspeise läßt uns das Wasser im Munde zusammenlaufen, die von erotischen Szenen führt zu sexueller Erregung. Mit Visualisierungen kann man sogar auf Krankheiten Einfluß nehmen. Nutzen wir also diese Kraft, um durch die positive Phantasie über uns selbst tatsächlich unser Verhalten und unser Selbstbild positiv zu verändern.

Die suggestive Kraft innerer Bilder

Auch Affirmationen enthalten eine starke suggestive Kraft. Überlegen Sie sich einen Satz, der Ihnen guttut und Kraft gibt. Affirmationen sollten immer positiv formuliert sein. Sagen Sie nicht: «Ich bin nicht mehr schwach», sondern benutzen Sie die positive Wendung: «Ich bin stark.» Sprechen Sie sich diesen Satz so häufig wie möglich vor. Wenn Sie allein sind, sagen Sie ihn immer wieder laut, in anderen Situationen hilft auch der Gedanke.

Affirmation:
Meine Stärken und meine Schwächen gehören zu mir. Ich kenne sie genau und weiß, daß ich mich auf mich verlassen kann.

⇨ Ich bin stark, gesund und glücklich – die Macht der Suggestion

Gesund und schön

Neun Zehntel unseres Glückes beruhen allein auf der Gesundheit.
Mit ihr wird alles eine Quelle des Genusses.
Hingegen ist ohne sie kein äußeres Gut,
welcher Art es auch sei, genießbar.

Arthur Schopenhauer

Vielleicht fragen Sie sich manchmal, wie einige Frauen es schaffen, jederzeit eine glatte, gesunde Haut, volles seidiges Haar und eine geradezu athletische Kondition zu haben, während Sie sich immer noch über den ein oder anderen Pickel ärgern, an bestimmten Tagen Ihr Haar schlaff herabhängt und Sie sich völlig ausgelaugt fühlen.

Sie brauchen keine stundenlangen Besuche bei Friseur und Kosmetikerin, wo Sie äußerlich aufgemotzt werden. Einfacher, billiger und ehrlicher ist die Schönheit von innen, und die hängt zu einem großen Teil von unseren Lebensgewohnheiten und der Ernährung ab.
Probieren Sie von den folgenden Tips diejenigen aus, die Ihrem Rhythmus und Lebensstil am ehesten entgegenkommen.

• Trinken Sie viel. Wenn Sie es sich so einteilen können, über den Tag verteilt drei, vier oder mehr Liter Flüssigkeit zu sich zu nehmen, werden viele Giftstoffe aus Ihrem Körper herausgeschwemmt. Die Haut wird glatt und elastisch. Gut geeignet sind Wasser, Kräuter- oder Früchtetees, Gemüse- und Obstsäfte – im Gegensatz zu Kaffee oder Alkohol.

- Östrogen ist ein regelrechtes Schönheitshormon. Es stärkt die Hautdurchblutung und sorgt für die Kollagenbildung im Bindegewebe, die zu einem rosigen, gesunden Aussehen der Haut führt. Auch die Talgdrüsen der Kopfhaut werden durch Östrogen reguliert, das zudem das Haar voll und seidig wachsen läßt. Die körpereigene Östrogenproduktion können wir durch einen Kräutertee unterstützen, den wir aus Himbeer- und Erdbeerblättern, Frauenmantel und Schafgarbe brauen (drei Eßlöffel auf eine Kanne, zehn Minuten ziehen lassen). Die Zutaten können wir entweder pflücken und trocknen oder in der Apotheke erhalten. Neben dieser Teemischung stimulieren bzw. regulieren auch einige ätherische Öle die Hormonproduktion, z. B. Jasmin, Rose, Iris (die alle drei recht teuer sind), und die erschwinglicheren Öle von Schafgarbe, Estragon, Hopfen oder Muskateller Salbei.
- Vitamine, Spurenelemente und Mineralstoffe beeinflussen sichtbar die Gesundheit, was sich in unserem Äußeren widerspiegelt. Da es viele gute Darstellungen über Wirkweise und Vorkommen dieser Stoffe gibt,[1] beschränke ich mich auf die für Haut und Haare wichtigsten:
- Bekanntermaßen wirken sich die B-Vitamine direkt auf die Beschaffenheit von Haut, Schleimhäuten, Haaren sowie auf Nerven, Leistungsfähigkeit und das seelische Gleichgewicht aus. Sie kommen u.a. in Vollkornprodukten, magerem Fleisch und Leber sowie in Bierhefe vor. Letztere ist im Reformhaus in Pulverform erhältlich und kann täglich mit etwas Wasser eingenommen werden.

1 Sehr empfehlenswert ist die Darstellung in Anne Simons: *Das Schwarzkümmel Praxisbuch.* München 1997, das eine systematische Darstellung enthält, wie Vitamine und Mineralstoffe wirken, mit welchen Lebensmitteln wir unseren Bedarf decken können und was geschieht, wenn diese Stoffe dem Körper fehlen.

- Vitamin E schützt aufgrund seiner antioxidativen Wirkung die Hautzellen und Schleimhäute. Dieses licht- und luftsauerstoffempfindliche Vitamin ist vor allem in pflanzlicher Nahrung wie Vollgetreide, Nüssen, Hülsenfrüchten und vielen Gemüsen enthalten.
- Vitamin C stärkt die Abwehrkräfte. Es wirkt ebenfalls antioxidativ und damit zellschützend, stärkt die Eisenverwertung, kräftigt das Bindegewebe, die Zähne und Knochen. Vitamin C wird zur Bildung von Kollagen gebraucht, das Haut, Knochen, Gewebe, Bänder und Zahnbein zusammenhält. Auch ist es an der Produktion verschiedener Hormone beteiligt, die Auswirkungen auf unser psychisches Gleichgewicht und Wohlbefinden haben. In hoher Konzentration ist dieses Vitamin in schwarzen Johannisbeeren, Acerola-Kirschen, Erdbeeren, Kiwis, Hagebutten, rotem Paprika, Kohl, Kartoffeln, Salaten und Kräutern, Sprossen und Keimen enthalten.
- Ganz wichtig für Haut, Schleimhäute und Haare ist das Beta-Carotin (Provitamin A). Es schützt die Zellen und stärkt die Abwehrkräfte. Beta-Carotin ist die Vorstufe von Vitamin A, zu dem es im Körper umgewandelt wird. Da überzähliges Beta-Carotin in den Zellen eingelagert wird, kann es nicht zu Überdosierung kommen. Der bekannte Effekt ist die karottenfarbene Haut, wie sie bei Kleinkindern häufig zu beobachten ist. Vor allem im Winter tut uns eine verstärkte Beta-Carotin-Zufuhr gut, da sie mit einer frischen Hautfärbung die übliche Winterbleiche vertreibt.
- Biotin wurde ursprünglich Vitamin H (für Haut) genannt, da es notwendig ist für Haut, Haare und Schleim-

häute. In Bierhefe, Innereien, Salaten, Gemüsen, gekoch-
ten (nicht rohen!) Eiern und Obst ist es vorhanden.
- Ein für die Zellteilung und -erneuerung unentbehrli-
ches Vitamin ist die Folsäure, die wir u.a. in Bierhefe, Leber, Weizenkeimen, dunkelgrünen Blattgemüsen und
Salaten, Kartoffeln, Nüssen, Bananen und Zitrusfrüch-
ten zu uns nehmen.
- Für ein gesundes Aussehen von Haut und Haaren sind
zudem die Spurenelemente Zink und Selen mitverant-
wortlich, die wir u.a. in Bierhefe, Vollkorn, magerem
Rindfleisch, Leber, Milch und bestimmten Gemüsesor-
ten finden.

Wenden wir diese Erkenntnisse auf die Erfordernisse unserer alltäglichen Ernährung an, so läßt sich sagen, daß wir
mit einer gesunden, vollwertigen Kost alle erforderlichen
Stoffe zu uns nehmen. Um ganz sicherzugehen, könnte
man sich zusätzlich mit Bierhefe versorgen, die in großer
Menge die wichtigen Vitamine für Haut und Haare enthält.

Vollwertige Ernährung ist schon die halbe Miete

Für Gesundheit und Schönheit spielen kaltgepreßte
pflanzliche Öle eine wichtige therapeutische, präventive
wie kosmetische Rolle. Ihre wichtigsten Inhaltsstoffe sind
– neben einer Vielzahl an Vitaminen und Mineralstoffen –
die mehrfach und einfach ungesättigten Fettsäuren, die
sich äußerlich wie innerlich wohltuend auf den Organismus auswirken. Sie heilen Wunden, bekämpfen Entzündungen, fördern die Hautdurchblutung, kontrollieren das

Öle wirken Wunder

Blut-Cholesterin-Verhältnis und harmonisieren hormonelle Prozesse im Körper. Beispielsweise trägt das sehr
wertvolle Öl aus Nachtkerzensamen mit seinem hohen
Anteil an Gamma-Linolensäure zur Produktion von Pro-
staglandinen im Körper bei, die wiederum auf vielfältige
Weise für ein funktionierendes Immunsystem sorgen.

Auch das ägyptische Schwarzkümmelöl mit seinem hohen Anteil an Linolsäure ist ein optimaler Lieferant essen-
tieller Fettsäuren für eine gesunde Haut. Es wird sehr erfolgreich bei Hauterkrankungen wie Neurodermitis, Akne
oder Allergien eingesetzt.[2]

Sind Sie unzufrieden mit Ihrer Haut, kann ich Ihnen aus
eigener und vielfach bestätigter sehr positiver Erfahrung
eine mindestens sechswöchige Kur mit Nachtkerzensa-
men- oder Schwarzkümmelöl empfehlen. Beide Öle sind
auch in Kapselform u.a. in der Apotheke erhältlich.

Naturkosmetik für
jedermann,
pardon: jede Frau

Regelmäßige Gesichtsmasken und Haarpackungen unterstützen diesen Schönheitsprozeß von innen, z.B. nach fol-
gendem Rezept:

Rezept zum Selbermachen

Naturkosmetische Gesichtsmaske:
Schlagen Sie ein Eigelb schaumig, und rühren Sie ein bis
zwei Eßlöffel Weizenkeimöl hinein. Geben Sie einige Sprit-
zer Zitronensaft hinzu (damit sich die Poren schließen)
und nach Wunsch einige Tropfen eines ätherischen Öls,
z.B. Rose oder das weniger teure Rosenholz. Diese Mischung tragen Sie auf das gesäuberte Gesicht auf, lassen
sie trocknen und spülen sie nach 20 bis 30 Minuten wieder

2 Einen vollständigen Überblick über die Wirkung der verschiedenen pflanzlichen Öle gibt
Anne Simons' Buch *Öle für Kör-*
per und Seele, München 1997.

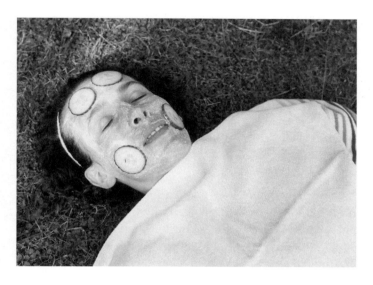

Eine naturkosmetische
Gesichtsmaske entspannt
und klärt die Haut.

ab. Ihre Haut ist sichtbar geklärt. Und wenn Sie etwas mehr zubereiten, tut diese Masse auch Ihrem Haar sehr gut. Gelegentlich aufgelegte Gurkenscheiben wirken der Hauttrockenheit entgegen.

Affirmation:
Ich bin voller Gesundheit
und Lebenskraft,
die sich auch in meinem
Äußeren widerspiegelt.

⇨ Wellness durch Bewegung / Der Speck soll weg / Eine starke Ausstrahlung / Öle für Körper und Seele

Lustvoller Schlaf

Der Schlaf ist für den ganzen Menschen,
was das Aufziehen für die Uhr.

Arthur Schopenhauer

Nur noch schlafen! Wer kennt es nicht, dieses Bedürfnis nach geradezu wollüstigem Schlafen. Keine Liebesspiele am Abend, keine aufregenden Männergeschichten, nein! Ruhe, abtauchen, versinken in Vergessen, in unsere Träume, in eine andere Welt. Geben wir uns doch diesem elementaren Bedürfnis hin!

Schenken Sie sich einfach mal eine Runde Schlaf in einer Phase großer Anstrengungen oder wenn die Frühjahrs- oder irgendeine andere Müdigkeit Sie gepackt hat! Planen Sie ein Schlafwochenende oder einen Schlaftag, und wenn auch der sich nicht organisieren läßt, so gehen Sie an drei aufeinanderfolgenden Tagen zwei Stunden früher ins Bett als üblich. Diese besondere Schlafeinlage wirkt wahre Wunder.

Schlaf macht schön   Schlaf macht schön! Während des Schlafs, insbesondere in der Tiefschlafphase, wird das Wachstumshormon Somatropin ausgeschüttet, das für einen aktiven Eiweißstoffwechsel sorgt und uns schlank erhält. Im Schlaf regene-

Schlaf kann wahre Wunder
wirken – und macht schön!

rieren sich Zellen und Psyche. Allerdings sollte man
Schlaftabletten meiden, da sie das Träumen beeinträchti-
gen und daher zu Niedergeschlagenheit führen. Entspannen Sie sich vor dem Schlafen mit einem flotten Spaziergang oder leichtem Sport, und versuchen Sie statt des
abendlichen Glases Wein oder Bier mal ein Glas warme
Milch. Sie ist ein ideales Einschlafgetränk, da die in ihr

enthaltene Aminosäure Tryptophan nachweislich Wohlge-
fühle auslöst und zu einem tieferen Nachtschlaf führt.
Auch eine Tasse Johanniskrauttee verhilft zu gesundem
Schlaf.

Farben und Düfte   Beziehen Sie Ihr Bett frisch, am besten mit dunkel- oder
hellblauer Bettwäsche, da diese Farben den tiefen Schlaf
unterstützen. Vielleicht konnten Sie Ihre Bettwäsche im
Freien trocknen, so daß sie den Duft von frisch gemäh-
ter Wiese oder Jasminblüten noch in sich trägt. Einen
angenehmen Wohlgeruch zaubern Sie auch in Ihre
Wäsche, wenn Sie in den Spülgang der Waschmaschine
einige Tropfen eines ätherischen Öls geben, z. B. beruhigendes Lavendel- oder den süßen Schlaf förderndes Orangenöl.

Ein wonniges Bad für den   Bevor Sie zu Bett gehen, verwöhnen Sie sich mit einem
tiefen Schlaf   ganz besonderen Bad: Verrühren Sie je fünf Tropfen ätherisches Sandelholz- und Orangenöl in drei Eßlöffeln Honig
oder Sahne, und geben Sie diese Mischung ins Badewasser. Anschließend trocknen Sie sich nicht zu gründlich ab,
dafür cremen oder ölen Sie sich von Fuß bis Kopf sorgfältig und liebevoll ein.

Falls Sie zu unruhigem Schlaf oder schlechten Träumen
neigen, benutzen Sie ein Öl, das Sie leicht selbst herstellen
können: In eine Mischung aus 30 ml Jojoba- und 20 ml Johanniskrautöl träufeln Sie 7 Tropfen ätherisches Majoran-,
5 Tropfen ätherisches Rosen- und 3 Tropfen ätherisches
Jasminöl. Diese Ölmischung wirkt sich doppelt wohltu-

end aus: Sie dringt durch die Haut in Lymph- und Blutbahnen und durch die Nase ins Gehirn, wo es über unser limbisches System Einfluß auf unsere Gefühle nimmt. Zudem ist es ein Genuß, gut zu riechen, der uns auch während des Schlafens beglückt. Vielleicht möchten Sie zu den leisen Klängen von Musik einschlafen, vielleicht genießen Sie vor dem Schlaf noch ein paar Minuten die wohlige Atmosphäre von Kerzenschein (Vorsicht!). Stellen Sie sich zu den angenehmen Gerüchen ein Meer aus Blumen vor.

Freuen Sie sich auf das tiefe Eintauchen in friedvolle Ruhe, in die Sie meditierend hinübergleiten.

Stellen Sie sich vor, wie Ihr rechter Fuß schwer und müde wird, und sagen oder denken Sie dreimal den Satz: «Mein rechter Fuß wird schwer, mein rechter Fuß wird müde.» Wandern Sie körperaufwärts, und stellen sich von jedem einzelnen Körperteil vor, daß er von Schwere und Müdigkeit erfüllt wird, wobei Sie jedesmal mehrfach den betreffenden Satz dazu sagen oder denken. Wenn schließlich auch Ihr Kopf schwer und müde ist, sagen Sie sich mehrmals: «Süßer, tiefer Schlaf hüllt mich ein, ich bin glücklich.»
Gute Nacht!

Wie Hunger und Durst sollte man auch dem Schlafbedürfnis des Körpers nachgeben. Der Beruf oder die Anforderungen durch die Kinder verhindern häufig, daß wir uns zu einem Nickerchen zurückziehen, und doch können sich

Vorsatz:
Ich werde früh zu Bett gehen und Körper und Seele durch tiefen Schlaf erfrischen.
Einschlafmeditation ←

Geben Sie Ihrem Schlafbedürfnis nach

Affirmation:
Ich tauche freudig
in tiefen Schlaf.
Mein Körper
und meine Seele
erholen und verjüngen sich.

Körper und Geist in nur wenigen Minuten stark regenerieren. Üben Sie, vielleicht nach dem Mittagessen, für kurze Zeit in einen schlafähnlichen Zustand zu fallen. Lehnen Sie sich zurück, schließen Sie die Augen, geben Sie der Müdigkeit nach. Automatisch schaltet der Körper ab. Bereits eine sekundenkurze Absence oder paarminütige Kurzschlafphase spendet neue Kraft.

⇨ Gesund und schön /
  Den Körper entspannen: Muskelrelaxation

Den Körper entspannen: Muskelrelaxation

Wir brauchen Ruhe, um Seelen zu berühren.

Mutter Teresa

Sie haben einen außerordentlich anstrengenden Streßtag hinter sich und sind nervös und angespannt. Ihre Nackenmuskeln sind schmerzhaft verkrampft, und Sie fühlen eine starke innere Unruhe.

Warum entspannen Sie sich nicht? Lassen Sie die Hausarbeit liegen, sagen Sie den Termin ab, den Sie noch haben. Jetzt sind Sie dran, sich zu entspannen, Ruhe und neue Kraft zu tanken. Ihnen stehen hierzu viele Möglichkeiten zur Verfügung, etwa mit einem warmen, wohlduftenden Öl- oder Kräuterbad, Ihrer Lieblingsmusik oder einer Partnermassage.

Eine unaufwendige, schnell zu erlernende und sehr wirkungsvolle Entspannungstechnik ist die Muskelrelaxation, mit der Sie jegliche körperliche Anspannung und Verkrampfung auflösen können. Wenn Sie diese Technik regelmäßig anwenden, sind Sie bald schon in der Lage, sich in Streßsituationen innerhalb weniger Minuten körperlich zu entspannen.

Eine Technik, mit der Sie jede Anspannung lösen

Muskelrelaxation

Setzen Sie sich bequem hin, stützen Sie die Hände auf die Oberschenkel, lassen Sie den Kopf leicht hängen. Schließen Sie die Augen, atmen Sie fünfmal tief ein und aus, und folgen Sie dabei Ihrem Atem mit dem inneren Auge.

Nun richten Sie Ihre Aufmerksamkeit auf Ihre Füße. Konzentrieren Sie sich jeweils fünf Sekunden lang auf die Anspannung in ihnen – zuerst rechts, dann links. Dann atmen Sie nacheinander tief in den rechten und linken Fuß hinein, bis der Atem den ganzen Fuß erfüllt. Wenn der Atem wieder ausströmt, nimmt er die gesamte Anspannung der Füße mit. Spüren Sie, wie weich und entspannt Ihre Füße sind.

Anschließend richten Sie Ihre Aufmerksamkeit auf die Unterschenkel, dann auf die Oberschenkel und wiederholen diesen konzentrierten Vorgang, bei dem der Atem die Anspannung aus den jeweiligen Gliedern mitnimmt.

Wandern Sie Stück für Stück nach oben, und entspannen Sie so den Po, den Bauch, die Muskeln, welche die Wirbelsäule stützen, die Brustmuskeln, Hände und Arme, die Nacken- und Halsmuskulatur, Kiefer, Wangen, Schläfen und zuletzt die Kopfhaut.

Vorsatz:
Ich will meine Muskeln
spüren und ein Gefühl dafür
bekommen, wie sie sich
anspannen und entspannen.

Den Entspannungsprozeß können Sie noch unterstützen, indem Sie zuvor in der Anspannungsphase die betroffenen Muskeln fünf Sekunden lang fest anspannen und dann lockerlassen. Beispielsweise konzentrieren Sie sich auf die Anspannung der Pomuskeln und ziehen diese gleichzeitig kräftig zusammen. Nach fünf Sekunden lassen Sie sie locker, und während Ihr Atem die Spannung

fortträgt, empfinden Sie die sich ausbreitende Entspannung in dem jeweiligen Körperbereich, bis schließlich der
gesamte Körper weich und locker ist.

Wenn Sie diese Übung regelmäßig machen, möglichst
immer zur gleichen Zeit, reichen schließlich einige In-
itialimpulse, damit sich die verkrampften Muskeln entspannen: Setzen Sie sich in der bekannten Körperhaltung
hin, atmen Sie mehrmals tief, und spannen und entspannen Sie innerhalb von drei Minuten größere Körperberei-
che, etwa erst beide Füße, dann beide Beine, dann Po,
Bauch, Rücken, Nacken, Hände und Arme und schließlich
den Kopf. Mit einiger Übung ist Ihr Körper in der Lage,
schnell und effektiv von An- auf Entspannung umzuschal-
ten.

Kurzentspannung

Zusätzlich unterstützen Sie sich mit stummen oder leise
ausgesprochenen Affirmationen, wie: «Meine Füße entspannen sich – meine Füße sind entspannt.»

Affirmation:
*Ich spüre, wie mich Ruhe
und Entspannung erfüllen.
Friede kehrt in mich ein.*

⇨ Lustvoller Schlaf / Welche Meditationsform ist für
   mich die richtige?

Wer bin ich?

Die Menschenseele ist wie eine Zelle,
in die wir immer wieder einkehren müssen,
um der Wahrheit ansichtig zu werden.

Katharina von Siena

Kaum jemand in unserer Gesellschaft entgeht dem Zwang, den bestimmte Rollen ausüben. Wir haben Strategien entwickelt, mit diesen Rollen zu leben und sie je nach Situation abzustreifen oder vielmehr gegen andere zu vertauschen.

Gefangen im Rollenspiel Manchmal aber geraten wir in eine Falle, verheddern uns in den Netzen dieses Rollenspiels und wissen nicht mehr, wer wir sind: die selbstlose Mutter, die rücksichtsvolle Gattin, die geduldige, immer lächelnde Sekretärin oder die emanzipierte Frau. Die gesellschaftlichen Rollen, die wir spielen, sind mehr oder weniger künstlich. Schließen sie aus, daß wir unsere vielfältigen inneren Regungen wie Trauer, Wut, Empörung, Neid, Lust, Dankbarkeit, Verzweiflung, Haß oder Schadenfreude ausdrücken oder auch nur erleben können, wird der Druck zu groß. Entweder wir entladen diese gewaltsam unterdrückten Regungen unkontrolliert und völlig unangemessen in nicht vorhersehbaren Situationen – oder aber wir werden depressiv.

Wenn Sie sich in einer Rolle gefangen fühlen und nicht mehr wissen, wer Sie überhaupt sind, machen Sie eine Phantasiereise an Ihre innerste Quelle: Dort werden Sie Klarheit finden.

Eine solche Phantasiereise ist übrigens immer ein schönes und bereicherndes Erlebnis, nicht nur, wenn man in Ichfindungsnöten ist.

Sie haben sich mit einer Muskelrelaxation (siehe Seite 40) entspannt und liegen auf einer bequemen Unterlage, Beine leicht gespreizt, Arme neben dem Körper, Augen geschlossen.

Sie treiben auf einer Luftmatratze leicht schaukelnd auf einem tiefblauen See dahin. Leise plätschern die Wellen gegen das Ufer, dem Sie sich langsam nähern. Sie lassen sich in das sanfte Wasser gleiten und schwimmen mit wenigen Zügen ans Ufer. Sie trocknen sich ab und fühlen sich angenehm erfrischt.

Ihr Blick gleitet über eine wunderschöne, hügelige Landschaft aus kleinen Wäldchen und saftig grünen Wiesen, durch die kleine Bäche glucksen. Sie fühlen sich leicht und froh und machen sich auf den Weg. Sie sind von einer unbestimmten Sehnsucht erfüllt, der Sie wie einem Duft folgen. Sie durchstreifen eine Wiese, deren vielfarbige Blumen Ihnen bis an die Knie reichen. Bienen sammeln eifrig Blütenstaub, Hummeln torkeln hin und wieder vorbei, Vögel zwitschern, es riecht nach Honig und Heu.

Am Waldrand erblicken Sie ein Reh, das zwischen den Bäumen verschwindet. Sie folgen ihm und tauchen in das angenehme Moosgrün des Waldes ein. Wie in einem Dom umfangen Sie gedämpfte Geräusche und durch einen Farbfilter gegossenes

Phantasiereise an die innerste Quelle

*Licht. Federnd laufen Sie über moosbedeckten Boden. Sie atmen
tief ein und füllen Ihre Lungen mit dieser klaren Waldluft. Sie
spüren, wie Sie innerlich rein werden.*

*Plötzlich nehmen Sie ein leises Plätschern wahr und folgen
dem Geräusch. Sie gelangen an einen glasklaren Waldbach, der
über bemooste Steine springt. Sie trinken von diesem reinen
Wasser, dann laufen Sie gegen seine Strömung. Der Wald wird
dichter, ein dämmeriges Licht umhüllt Sie, in das sich nur noch
gelegentlich ein goldener Sonnenstrahl verirrt.*

*Schließlich gelangen Sie an die Quelle des klaren Waldbachs.
Fasziniert starren Sie in den weißen Sprudel, der tausend glitzernde Kristalle hervorbringt. Ihr Blick saugt sich an diesem
Wasserwirbel fest, und plötzlich erkennen Sie Formen, die aus
dem Erdinnern und gleichzeitig aus den Tiefen Ihres Ichs auftauchen. Sie erkennen Gestalten und Gesichter, gute und andere, die Sie allesamt begrüßen. Je länger Sie hinschauen, desto
schöner und reicher werden die hochgespülten Formen, denen
Sie sich dankbar verbunden fühlen.*

*Allmählich werden Sie müde. Sie verabschieden sich von dem
Quell und versprechen wiederzukommen. Sie gehen den ganzen
Weg wieder zurück: durch den Wald, über die Wiese ans Ufer
des Sees. Verschwitzt und angenehm erschöpft, tauchen Sie ins
Wasser ein, gelangen zu Ihrer Luftmatratze, ziehen sich hinauf
und ruhen sich nun aus in dem Gefühl, viel geleistet und unglaublich Schönes erfahren zu haben.*

Die Phantasiereise bringt oft Klärung. Plötzlich erkennt
man seine eigenen Bedürfnisse und Wünsche klarer, kann
Wichtiges von Unwichtigem unterscheiden. Vielleicht haben die Bilder an der Quelle Ihnen deutlich gemacht, daß
Ihnen bestimmte Rollen von außen aufgezwungen wur-

den. Vielleicht sind Ihnen bestimmte Gewohnheiten zutiefst unangenehm, und das ist Ihnen nun klargeworden. Die liebevolle Hausfrau und Mutter, die der Familie abends ein sorgfältig komponiertes Mahl bereitet (und möglicherweise nicht einmal ein Wort der Anerkennung erhält) – das sind gar nicht Sie! Die geduldige Gattin, die sich allabendlich für den Tratsch im Büro Ihres Mannes interessiert – das sind gar nicht Sie! Die dynamische Ressortleiterin, die immer nur Härte und Stärke zeigt – das sind gar nicht Sie!

Was aber haben Sie an der Quelle statt dessen gesehen? Suchen Sie die Teile Ihrer Persönlichkeit, die für Sie wichtig und richtig sind, und überlegen Sie, was Sie verändern können, damit auch diese zu Ihrem Recht kommen. Schon eine geringfügige Veränderung kann dazu führen, daß sich alle am gesellschaftlichen Spiel Beteiligten wohl fühlen, auch Sie!

Vorsatz:
In der Stille konzentriere ich mich ganz auf mich und erlausche meine wahren Bedürfnisse.

Affirmation:
Meine innere Stimme zeigt mir meinen Weg.

➪ Einkehr / Vielfalt der Facetten: Verwandlungsspiele / Klarheit finden / Welche Meditationsform ist für mich die richtige?

Frühjahrsputz: außen und innen Ordnung schaffen

Ein- oder zweimal im Jahr kriege ich meinen Rappel: Mich packt das ungebremste Verlangen, gründlich sauberzumachen und aufzuräumen. Wie eine Furie stürze ich mich zunächst auf mein Zimmer, leere die Schubladen meines Schreibtischs und sortiere alle Unterlagen und Papiere aus, die ich offensichtlich nicht mehr brauche. Geradezu genußvoll wische ich den Schreibtisch aus, staube die Regale ab und sortiere auch hier Bücher aus. Dann putze ich die Fenster, wasche die Vorhänge, klopfe den Teppich aus, wische den Boden …

Die erste Befriedigung empfinde ich, wenn das Zimmer fertig ist, befreit von Staub und dem Mief vieler Monate, und frisch und sauber riecht.

Doch mein Putzfuror ist damit noch lange nicht zu Ende: Weiter geht es mit Küche, Bad und den anderen Zimmern, bis in den Keller. Der Kühlschrank und die Vorratskammer werden gründlich ausgemistet, Haltbarkeitsdaten kritisch betrachtet; alte Kleidung kommt in den Altkleider-Container; ungenutzte Spielzeuge in die Kiste für den Flohmarkt. Mir geht es immer besser, je mehr Ordnung ich schaffe.

Und jedesmal komme ich erneut an den Punkt, wo ich erstaunt eine Feststellung mache: Während ich in meiner Umgebung Ordnung schaffe, komme ich innerlich zur Ruhe. Die äußere Ordnung ist ein Weg, gleichzeitig in mir Ordnung und Klarheit zu finden.

Inneres Gleichgewicht durch äußere Ordnung

Nach der ungewohnten körperlichen Anstrengung eines solchen Hausputzes bin ich schließlich müde, aber ich fühle mich äußerst zufrieden.

Bleibt am Abend nur noch, mich selbst zu reinigen: Falls ich genug Reserven habe, gehe ich dann in die Sauna, wo ich mich von den inneren Schlacken befreie und alles herausschwitze. Oder ich nehme ein Bad und lege mich anschließend ins Bett mit einem Buch, das zu friedlichen und erhebenden Gedanken anregt. Nach einem langen, erfrischenden Nachtschlaf fühle ich mich am nächsten Morgen bestens und beginne den Tag mit neuem Schwung.

Affirmation:
Die Ordnung in meiner Umgebung erfüllt mich mit Zufriedenheit.

➪ Innere Reinigung durch Heilfasten

Einkehr

Es ist unglaublich, wieviel Kraft
die Seele dem Körper zu leihen vermag.

Wilhelm von Humboldt

Wahrnehmung von Schönheit und Glück führt zum Erleben von Schönheit und Glück

Gesundheit und Wohlsein beginnen in unserem Kopf. Unsere Gedanken beeinflussen unser körperliches Befinden, denn Geist und Körper ergänzen sich zu einer Einheit, und ihre Grenzen sind fließend. Wünschen wir uns einen gesunden Körper und eine harmonische Gefühlswelt, können wir selbst vieles durch unsere Gedankengänge und Wahrnehmungen dazu beitragen, indem wir uns von Mißklängen, Disharmonien, bösen Gedanken und unfreundlichem Verhalten möglichst fernhalten und unsere Konzentration auf Gutes und Positives richten. Schönheit und Glück wahrzunehmen führt zum Erleben derselben. Eine abendliche Rückschau auf die schönen Erlebnisse ist ein wesentlicher Schritt zu einem gesunden, erfüllten und glücklichen Leben.

Am Ende des Tages richten Sie sich einen bestimmten Zeitraum ein, an dem Sie in aller Ruhe die Ereignisse des Tages an sich vorüberziehen lassen. Diese Einkehr dient gleichzeitig der Harmonisierung von Körper und Geist. Atmen Sie – bequem sitzend oder liegend – gleichmäßig durch die

Nase ein und aus; überlassen Sie sich dem Rhythmus dieses fließenden Atmens, der allmählich zum Rhythmus Ihrer Gedanken wird. Lassen Sie die erlebten Begebenheiten vor Ihrem inneren Auge vorbeiziehen, und konzentrieren Sie sich vor allem auf das, was Ihnen Gutes an Leib und Seele widerfahren ist. All Ihre Sinne sind an dieser Erinnerung beteiligt. Fragen Sie sich, welche natürlichen und bekömmlichen Nahrungsmittel Sie Ihrem Körper zugeführt haben, wie Sie sich mit bestimmten Bewegungen an frischer Luft entspannt oder erfrischt haben. Was haben Sie Schönes gesehen, gehört, gerochen, geschmeckt und welche sanfte Berührung erlebt? Welche Geste war liebevoll, welche Person hilfreich und freundlich? Negative Begegnungen mit Menschen waren nicht so bedeutsam, daß sie den heiteren, angenehmen Eindruck des Tages verdunkeln könnten.

Beschließen sie ihn mit einem Lächeln und in der freudigen Erwartung, daß auch der nächste Tag viel Gutes bringt. Dieses frohe, positive Denken erhält gesund und jung und bahnt einen erfolgreichen und zufriedenen Lebensweg.

Affirmation:
Durch meine Gedanken und mein Handeln kann ich meinen inneren Frieden pflegen.

⇨ Zuversicht ist erlernbar / Optimisten leben glücklicher

Pflanzen in meiner Umgebung

Sie haben das Bedürfnis, Ihre Umgebung zu verändern, aber es fehlt Ihnen das nötige Kleingeld für eine neue Zimmer- oder gar Wohnungseinrichtung. Also ist Phantasie angesagt. Schaffen Sie Platz, und entfernen Sie das eine oder andere sperrige Möbelstück – aber nicht, um es durch ein neues zu ersetzen. Pflanzen- und Blumenarrangements können eine wunderbare wohnliche wie ästhetische Wirkung erzielen, gerade auch in einem karg eingerichteten Raum.

Grüne Topfpflanzen verbessern das Raumklima, da sie Sauerstoff produzieren. Eine einzelne große Pflanze, etwa eine Bananenstaude, ein Ficus benjamina, ein Asparagus und besonders ein Bonsai brauchen Platz um sich herum und sollten einzeln stehen.

Kleine Arrangements mit großer Wirkung

Mit einer blühenden Pflanze oder Schnittblumen auf Ihrem Eß- oder Schreibtisch holen Sie sich die gute Laune ins Haus. Es müssen nicht immer große Bouquets sein. Eine einzelne Rose, drei Anemonen, ein winziges Mimosensträußchen ziehen ebenso die bewundernde Aufmerk-

Pflanzen machen Ihre vier Wände wohnlicher und verbessern überdies das Raumklima.

samkeit auf sich, zumal wenn sie zugleich angenehm duften.

Und falls Sie einen Balkon haben, können Sie ungeahnte Kreativität entwickeln. Eine riesige Auswahl an Pflanzen und Farben bietet Ihnen Kombinationsmöglichkeiten, mit denen Sie all Ihre Farb- und Duftwünsche verwirklichen können. Toben Sie sich auf Ihrem Balkon einmal so richtig aus – vielleicht ersparen Sie sich sogar einen Umzug! Das Schöne an der Balkongestaltung ist, daß Sie sich nur für eine Saison festlegen. Schon im nächsten Jahr können Sie sich wieder für ganz andere Zusammenstellungen entscheiden.

Kreative Balkongestaltung kann Urlaub und Umzug ersetzen

Und so zaubern Sie einen Blickfang für Auge und Seele: Besonders harmonische Zusammenstellungen ergeben sich aus farblichen Zwei- und Dreiklängen. Der Zweiklang entsteht aus den Paarungen Grün und Magenta, Gelb und Violett, Rot und Blau, Orange und Indigo. Dreiklänge bilden die Farben Rot, Grün, und Violett miteinander, ebenso wie Gelb, Blau und Magenta. Zweiklang-Arrangements sind etwa roter Ziertabak mit blauem Männertreu; Dreiklänge bilden beispielsweise rote Impatiens, blauer Ysop und gelbe Knollenbegonien.

In der Pflanzenwelt ist alles möglich. Hier können Sie auch einmal Farben miteinander kombinieren, die sich sonst «beißen», z.B. knallpinke Geranien mit orangefarbenen Tagetes. Sie werden feststellen, daß Pflanzen in jeder Zusammenstellung eine starke Ausstrahlung haben. Wenn Ihnen solche Kontraste zu hart sein sollten, fügen Sie eine weiße Blüte hinzu, und Sie erhalten malerische Effekte.

Vorsatz:
Ich werde mich umfassend über Pflanzen informieren und finde heraus, wo ich welche Pflanzen zu guten Preisen bekomme.

Ihre Gestaltungsmöglichkeiten vervielfältigen sich, wenn Sie mehrere Kästen höhenversetzt bepflanzen. Setzen Sie in die oberen Kästen Hängepflanzen wie z.B. die Blaue Mauritius, Glockenblumen, rotes Eisenkraut und Sommernelken, gelbe Zwergstrohblumen und Felberich, weiße Geranien und Buntminze, violette Kaskadenblumen, lilafarbene Fuchsien, orangefarbenen Hornklee und Portulak sowie rosafarbenen Elfensporn. Die unteren Kästen bepflanzen Sie mit den aufrecht wachsenden gelben Pantoffelblumen, weißen Fleißigen Lieschen, rotem Feuersalbei, blauem Bleiwurz, orangefarbenem Mittagsgold, violettem Leberbalsam oder rosafarbenen Petunien.

Und vergessen Sie nicht, einen Platz für die Küchenkräuter zu lassen, z.B. Basilikum, Dill, Estragon, Kerbel, Majoran, Petersilie und Zitronenmelisse.

Diese Beschäftigung führt nicht nur zu einem prachtvollen Balkon, der Ihnen viel Bewunderung einbringt, sondern auch zu großer innerer Befriedigung.

Meine Freundin hatte eine wunderbare Idee. In ihrem Garten hat sie ein ungefähr zwei mal zwei Meter großes Stück mit Thymian bepflanzt. Dieser ist äußerst pflegeleicht und braucht kaum Wasser. Vor allem aber erfüllt er den Garten mit einem herrlichen Duft. Auch im Vorgarten kommt man dort an Thymian vorbei und wird von Wölkchen des Wohlgeruchs empfangen. Außerdem hat man jederzeit das zu vielen Gerichten passende Gewürz frisch zur Verfügung.

Ein Thymian-Flecken im Garten

Mit einem einfach herzustellenden Potpourri haben Sie auch dann noch Freude an Ihren Blumen, wenn die Blüten verwelkt sind. Schneiden Sie die Blütenköpfe aus einem Blumenstrauß (oder von Blumen Ihres Gartens) ab, wenn diese voll geöffnet sind, kurz bevor sie verwelken. Besonders geeignet sind u.a. Lavendel, Rosen, Rittersporn oder

Blütenpotpourri

Eisenkraut. Breiten Sie die Blütenköpfe an einem warmen, schattigen Ort aus und lassen sie dort ein bis zwei Wochen lang trocknen. Anschließend werden sie in Schichten von ein bis zwei Zentimetern in einem luftdicht verschließbaren Behälter verteilt. Über jede Schicht streuen Sie etwas Salz und Gewürze wie Zimt, Nelken und Muskat sowie getrocknete und geraspelte Zitronen- und Orangenschalen. Abschließend können Sie auch noch einige Tropfen eines ätherischen Öles hinzufügen, dessen Duft Sie besonders mögen. Verschließen Sie nun das Gefäß und lassen es zwei Wochen an einem kühlen, dunklen Ort ruhen. Dann rühren Sie einmal um und verschließen es wieder. Diesen Vorgang wiederholen Sie wöchentlich. Nach sechs Wochen ist das Potpourri fertig. Sie können es nun in ein hübsches, verschließbares Glas füllen und dieses ab und zu öffnen, wenn Sie Ihr Zimmer mit dem angenehmen Duft des Potpourris erfüllen möchten. Wenn Sie das Glas danach wieder verschließen, hält sich Ihr Potpourri länger.

Ein selbstgemachtes Blütenpotpourri ist für jeden Anlaß ein passendes Geschenk, das Freude macht.

Affirmation:
Ich bin dankbar für die
Vielfalt der Pflanzen,
Farben und Düfte,
mit denen die Natur uns
beschenkt.

⇨ Liebevoll mit der Natur umgehen

Glücksmomente I

Halte das Glück wie den Vogel: so leise und lose wie möglich!
Dünkt er sich selber nur frei, bleibt er Dir gern in der Hand.

Friedrich Hebbel, Gedichte

An manchen grauen Tagen müssen wir achtgeben, daß
das triste Wetter nicht auf unsere Stimmung abfärbt. Wenn
ich merke, daß ein Problem übermächtig werden will und
auf dem besten Wege ist, in meinem Denken einen überra-
genden Platz einzunehmen, der ihm gar nicht zukommt,
besinne ich mich auf die Glücksmomente in meinem Leben: die einzigartigen, die ich seit meiner Kindheit empfunden habe, diejenigen, die mich in meinem Leben begleiten und mir vertraute Freunde geworden sind – und
auch solche Augenblicke, die mir erst noch in Zukunft
Glück bescheren werden:

*Aus dem Seewasser auftauchen und von goldenem Sonnenlicht
geblendet werden …*

*Die Sekunde reinen Glücks, wenn der Kuckuck ruft und der
Duft von Jasmin und Rose durchs Zimmer weht …*

Das Erkennen der geliebten Stimme am Telefon …

*Der Anblick der vorbeiziehenden Wolken vor einem blauen
Himmel, während ich auf dem Rücken in frisch gemähtem Heu
liege …*

In der Wiese liegen und Gott
eine gute Frau sein lassen ...

Auf dem Schoß meiner Großmutter sitzen, ihren weichen Busen spüren, Camembertbrot essen und einen (verbotenen) Schluck Milchkaffee trinken ...

Die rasende Beschleunigung, bevor das Flugzeug abhebt ...

Der Geruch des frisch gewachsten Bodens in der Schule ...

Dein liebevoller Blick, bevor du mich in den Arm nimmst ...

Ein wunderschönes altes Medaillon auf dem Flohmarkt finden, einen guten Preis erhandeln und stolz mit der erstandenen Trophäe heimkehren ...

Paris um halb sieben an einem Septembermorgen ...

Die ersten heißen Maronen an einem klaren Novemberabend in der Stadt ...

Die ersten Erdbeeren im Frühjahr …

Die Scheibe Fleischwurst von der Metzgerin …

Ohne Sattel und Zaumzeug auf einem vollblütigen Pferd über die Felder jagen …

Sammeln Sie in einer dunklen Stunde *Ihre* Glücksmomente ein. Sie werden feststellen, daß sich die Düsternis um Sie herum allmählich auflöst.

Vorsatz:
Heute will ich mich an all die kleinen und großen Dinge erinnern, die das Leben lebenswert machen.

Lust auf gute Laune

Ein wenig Hilfe will das Glück gern haben.
Norwegisches Sprichwort

Werden Sie manchmal Sonntagmorgens wach und stellen schaudernd fest, daß der Winter immer noch nicht vorbei, der Himmel düster und grau ist und man sich eigentlich nur umdrehen und weiterschlafen kann? Und doch ist Ihre innere Uhr eigentlich schon auf Frühling, Frohsinn und Freude eingestellt. Helfen Sie Ihrer Lust auf gute Laune doch ein wenig nach!

Einige Übungen nach dem Aufstehen bringen nicht nur den Kreislauf in Schwung, sondern eignen sich auch zur Freisetzung von körpereigenen Botenstoffen, die Glücksgefühle auslösen können.

So setzt der Körper Glückshormone frei

So wird die Ausschüttung des «*Harmoniehormons*» Serotonin durch ein sanftes Entspannungstraining ausgelöst, wie etwa durch Yoga- oder Tai-Chi-Übungen. Wohlige Zufriedenheit breitet sich aus. Endorphine sind sogenannte Neuropeptide, die Euphorieschübe bewirken und sogar kurzzeitig Schmerzen lindern. Sie werden durch schnellere und längere Bewegung hervorgerufen, wie mindestens halbstündiges Joggen oder ekstatisches Tanzen. Auch die Kreiselbewegung, wie sie seit Jahrhunderten von den weisen Derwischen angewandt wird, die so in ekstatische Trance verfallen, kann eine Glückswelle auslösen. Strecken Sie die Arme seitlich aus, und drehen Sie sich immer schneller im Kreis, so wie Sie es als Kind oft getan haben. Lassen Sie die Welt um sich herum fliegen, bis Sie abheben, und erleben Sie selbst die Bedeutung des Ausspruchs: «Wer die Macht des Tanzes kennt, ist Gott näher.»

Nach dem anschließenden Bad reiben Sie sich mit einem *stimmungsaufhellenden Körperöl* ein, das Sie sich leicht selbst herstellen können: Besorgen Sie sich in der Apotheke 50 ml Johanniskrautöl, und fügen Sie diesem je 10 Tropfen des ätherischen Öls von Jasmin, Orange und Muskat oder von Muskateller Salbei, Rose und Sandelholz bei.

Stimmungsaufhellende Düfte

Mit bestimmten *Nahrungsmitteln* heitern Sie sich auf, etwa mit einem Frühstück aus Hafer-Müsli, Banane und geriebenen Nüssen. Nicht zufällig heißt es, ausgelassene Menschen habe «der Hafer gestochen». Dieses Korn ist ein wahrer Muntermacher, dessen Botenstoffe nachweislich «psychotrop» wirken, d.h. die Glücksgefühle, Konzentration und Spannkraft, aber auch die Spiritualität anregen und stärken.

Heiter durch Nahrungsmittel

Bananen wiederum enthalten die Aminosäure Tryptophan, die im Körper die Serotoninproduktion anregt, weshalb diese gelbe Frucht bekanntermaßen ein wirkungsvol-

Bananen und Schokolade machen fröhlich

ler Stimmungsaufheller ist. Ebenso übrigens wie ein Riegel Schokolade. Wenn Sie düster oder traurig gestimmt sind, geben Sie Ihrem Wunsch nach einer schokoladehaltigen Süßigkeit ohne Schuldgefühl nach: Wegen der darin enthaltenen Botenstoffe fühlen Sie sich anschließend tatsächlich besser!

Aus einem länger anhaltenden Stimmungstief können Sie sich mit Hilfe einer Johanniskrauttee-Kur ziehen. Über zwei bis drei Wochen getrunken, hilft er gegen Depression und hat zudem eine sexuell stimulierende Wirkung.

Gute Laune durch Farben

Auch die Welt der Farben hält Trost für dunkle Stunden bereit. Farbtherapeutisch seit langem bekannte Stimmungsaufheller sind gelbe und orangefarbene Töne: ein Strauß Narzissen oder Sonnenblumen, ein gelb gestrichenes Bad, gelb-orangefarbene Bettwäsche, ein heiteres Bild über dem Küchentisch, ja sogar der Apfelsinen- oder Aprikosensaft am Morgen wirken wohltuend und wärmend auf unsere psychische Verfassung.

Affirmation:
In mir gibt es viel Glück.
Ich öffne meinen
Glücksgefühlen die Tore
und lasse sie strömen.

Und der Frühling kommt ja doch!

⇨ Die körpereigenen Drogen aktivieren / Carpe diem /
   Mein inneres Lächeln

Farben-Freude

Erinnerungen an Glücksmomente in unserem Leben sind untrennbar mit starken Sinneseindrücken verbunden, mit Farben, Geräuschen und Düften: einem satten Wiesengrün, zartem Himmelblau, dem sanften Gold einer tiefen Nachmittagssonne, in die wir hineinblinzelten; Meeresrauschen, Vogelgezwitscher, dem Duft von Lavendel und Thymian.

Im Laufe unseres Lebens verändern sich unsere sinnlichen Vorlieben. Selten behält ein Mensch sein ganzes Leben hindurch ein und dieselbe Lieblingsfarbe. Das hängt mit unserer inneren Entwicklung zusammen. Farben etwa haben eine starke Wirkung auf die Psyche, und nicht selten sind unsere Vorlieben und Abneigungen gegenüber bestimmten Farben Ausdruck unserer seelischen Verfassung.

Farbvorlieben sind Ausdruck der psychischen Verfassung

  Diese Zusammenhänge wurzeln in der Anfangsgeschichte der Menschheit. Grün gilt beispielsweise nicht zufällig als Farbe der Hoffnung; sie stellt archetypisch die Natur dar und symbolisiert das Leben: Wenn unsere Vorfahren nach einem langen, mörderischen Winter das erste

Grün erblickten, wußten sie, daß sie überlebt und Kälte und Tod hinter sich gelassen hatten.

Was aber sagen Farbvorlieben über uns heutige Menschen aus?

Auch wenn wir (zum Glück!) nicht alle gleich reagieren, kann man durchaus allgemeingültige Wirkungen von Farben auf die Psyche beobachten, wie sie seit langem erforscht und in der Farbtherapie umgesetzt werden.

Die Bedeutung von Lieblingsfarben

Häufig entwickelt man unbewußt eine Farbvorliebe aus einem bestimmten Bedürfnis heraus: Umgibt man sich mit viel Rot, deutet dies auf eine niedrige Grundgestimmtheit hin und auf das Bedürfnis, sich zu aktivieren. Das Gegenteil trifft auf Blau zu: Menschen mit hohem Blutdruck suchen instinktiv die Beruhigung, die von der langsamen Schwingung dieser Farbe ausgeht. Wer die Überwindung von Gegensätzen sucht, sich innerlich reinigen will, umgibt sich mit violetten Farben. Rosa- und Hellblautöne beruhigen und senken die eigene wie auch anderer Aggressionsbereitschaft. Grün unterstützt seelische und körperliche Heilungsprozesse; Gelb heitert auf, Orange stärkt die Lebensfreude und das Selbstbewußtsein; Braun gibt uns den Schutz der Erde, und mit Türkis unterstützen wir unsere Kreativität und Kommunikationsfähigkeit.

Natürlich sind diese Richtlinien sehr pauschal, doch können sie uns erste Hinweise auf unsere versteckten Wünsche geben, wenn wir einmal unsere Farbvorlieben genauer beachten.[3]

3 Einen interessanten Überblick über die Bedeutung der Farben gibt Kamala Murty in ihrem sehr empfehlenswerten Buch *Malbuch Mandala. Malen und meditieren mit dem uralten Lebenssymbol*. Bern, München, Wien 1996, S. 201ff.

Das Spiel mit Farben kann sehr befriedigend sein. Nutzen Sie ihre heilsamen Kräfte an einem eigens dafür bestimmten Experimentiertag, um sich selber genauer zu erkennen und sich etwas Gutes zu tun. Allein, mit einer Freundin oder in einer kleinen Gruppe erproben Sie die Wirkung verschiedener Farben auf sich. Sie können sich verkleiden, bunt schminken, den Tisch mit Tischdecke, Geschirr, Servietten und Kerzen in einer bestimmten Farbe decken oder die Fenster mit farbigen Folien bekleben.

Mit Farben experimentieren

Schön ist es, wenn Ihnen ein Malatelier zur Verfügung steht und Sie nach Belieben an großen Leinwänden mit Farben experimentieren können (ein großer Malblock zu Hause tut es natürlich auch). Überlassen Sie sich ganz Ihrer Intuition. Wählen Sie Farben, ohne darüber nachzudenken. Was empfinden Sie, wenn Sie die gewählte Farbe großflächig auftragen und anschließend betrachten? Fühlen Sie sich wohl? Beschleicht Sie Unruhe, Unwohlsein? Möchten Sie den Eindruck, den die Farbe in Ihnen weckt, schnell auslöschen? Dann überstreichen Sie diese Farbe und suchen einen Ausgleich.

Probieren Sie spontan, ohne Anspruch auf künstlerische Fertigkeit. Einzig auf Ihre Gefühle kommt es an – und die bescheren Ihnen in dem Spiel mit Farben eine intensive Selbsterfahrung. Am Ende Ihrer Farberlebnisse vergegenwärtigen Sie sich die unterschiedlichen Empfindungen, welche die jeweiligen Farben in Ihnen hervorzurufen vermochten, und wählen Sie zum Schluß noch einmal die Farbe, die Ihnen am angenehmsten war. Malen Sie mit ihr ein lachendes Gesicht, und stellen Sie sich vor, Sie seien dieses Gesicht – erfüllt mit allem Positiven, das diese Farbe in Ihnen lebendig werden ließ.

Anleitung:
Farbmeditation

Wenn Ihnen eine Farbe so angenehm erscheint, daß Sie sich spürbar wohl fühlen, während Sie sie anblicken, wird Ihnen eine Farbmeditation guttun.

Setzen Sie sich bequem an einen ruhigen Ort, und plazieren Sie einen Gegenstand der von Ihnen gewählten Farbe oder ein mit der Farbe bemaltes Papier vor sich. Entspannen Sie sich zunächst mit geschlossenen Augen, indem Sie all Ihre Gedanken ausschließen und nur dem Rhythmus Ihres Atems folgen. Dann öffnen Sie die Augen und blicken auf die Farbe vor sich. Saugen Sie sich voll mit ihr. Wenn Sie die Farbe mit Ihrem inneren Auge sehen können, schließen Sie wieder die Augen und visualisieren, wie die Farbe Ihren ganzen Körper durchströmt und jedes Körperteil füllt: die Füße und Beine, Hände und Arme, den Unterleib, Brust und Rücken, den Hals und schließlich den Kopf. Alle unguten Empfindungen sind nun verschwunden. Einzig die Farbe erfüllt Sie mit ihrer ganzen Schönheit und Kraft, die sich Ihnen mitteilen.

Wenn Sie sich mit ihr angereichert haben, öffnen Sie die Augen und blicken um sich. Wie wirken nun andere Farben auf Sie? Lassen Sie auch diese ihre Wirkung in sich entfalten. Am Ende dieser Farbmeditation räkeln Sie sich und gähnen herzhaft.

Affirmation:
Ich fülle mich mit den
Farben an, die mir
wunderschön erscheinen.

In Zukunft werden Sie bewußter mit Farben umgehen, sich genau überlegen, welche Farbe Sie in Ihrer Arbeits-, Schlaf- oder Eßumgebung haben möchten, um sich darin optimal wohl zu fühlen.

⇨ Maltag

Maltag

Eine einzigartige Möglichkeit, uns über seelische Vorgänge in uns bewußt zu werden, Selbstheilungskräfte freizusetzen und zu innerer Harmonie zu gelangen, ist das Malen eines Mandalas. Der ursprünglich tibetische Ausdruck bezeichnet eine Kreisstruktur als Ausdruck und Symbol des Kosmos. Rituell versenken sich seit Jahrhunderten buddhistische und hinduistische Mönche mit Hilfe des Mandalas in die Tiefen ihres Selbst. Auch uns westlichen Menschen erschließt die Beschäftigung mit dem Mandala Möglichkeiten, unsere Psyche zu harmonisieren und zu einer Ganzheit zu finden, wie der berühmte Tiefenpsychologe C.G. Jung entdeckte.

Hört sich kompliziert an, ist aber kinderleicht. Wie malen Sie ein Mandala? Ganz einfach: Sorgen Sie dafür, daß Sie für ein oder zwei Stunden vollkommen ungestört sind. Legen Sie sich Papier, Zirkel und – je nach Vorlieben – Buntstifte, Kreiden oder Wasserfarben zurecht. Sie ziehen auf einem Blatt mit dem Zirkel einen Kreis. Betrachten Sie den leeren Kreis als Abbild Ihrer Seele, lassen Sie Bilder daraus

Ganz werden mit einem Mandala

emporsteigen, und malen Sie drauflos. Auf künstlerischen Anspruch kommt es hier nicht an. Horchen Sie in sich hinein, und lassen Sie «es» malen. Denken Sie nicht! Sie werden verblüfft sein über die Motive, die aus Ihrem Innern auftauchen, über die Farben und Formen.

Die Mandalas, die Sie malen, können in Ihnen tiefe Empfindungen hervorrufen, vielfältige Gefühle des Schmerzes, der Trauer, Harmonie und des Glücks – je nach Ihrer Grundstimmung. Manchmal gibt es Überraschungen. Sie glauben, Sie seien im reinen mit sich, und das

Bilder des Inneren manifestieren sich im Mandala.

Mandala zeigt Ihnen, daß etwas nicht in Ordnung ist. Umgekehrt empfinden Sie einen Schmerz, eine Spannung oder einen ungeklärten Konflikt, und das Mandala hilft Ihnen bei der Verarbeitung und Heilung. Unbewußt verwenden Sie Formen und Farben mit einer tiefen archetypischen Bedeutung. Falls Sie nach dem Verfertigen des Mandalas mehr über die von Ihnen gewählte Symbolik wissen möchten, informieren Sie sich darüber.[4] Doch stellen Sie zuerst Ihr Mandala fertig.

Affirmation:
Beim Malen bin ich ganz
nah an mir.
Ich male mich frei.
Alles Ungeklärte kommt
ans Licht und rundet sich in
Harmonie.

⇨ Farben-Freude

4 Kamala Murty, a.a.O. Dieses faszinierende Selbsterfahrungsbuch enthält nicht nur eine ausführliche Darstellung der Farben- und Formsymbolik, sondern auch 50 Malvorlagen, die für jede Lebens- und Stimmungslage das passende Mandala anbietet.

Musik zum Wohlfühlen

Musik ist höhere Offenbarung
als alle Weisheit und Philosophie.

Ludwig van Beethoven

So wie die Welt der Farben und das selbstvergessene Malen uns einen Weg zu unserem Selbst zeigen, so kann auch die Musik einen Zugang zu unseren Gefühlen bahnen. Ein bewußtes, intensives Musikerlebnis kann durch alle Höhen und Tiefen führen, uns in reinem Glück ertränken oder Schmerz durchleben lassen. Doch in jedem Fall hat das Musikerlebnis eine klärende, reinigende Wirkung. Wir fühlen uns nachher bereichert und erneuert, denn wir haben uns selbst gespürt, uns als Ganzes erlebt.

Musik kann viele verschiedene Aufgaben erfüllen. Im Alltag hören wir Radio und lassen uns von den abgespielten Songs berieseln, ohne uns sehr auf sie zu konzentrieren. Dabei können sie uns durchaus in eine angenehme Stimmung versetzen, vorausgesetzt die Musikart und -lautstärke gefällt uns.

Musik beruhigt, regt an, verführt, macht aggressiv und lindert sogar Schmerzen. Manche Zahnärzte nutzen diese erprobte Wirkung, indem sie ihren Patienten Kopfhörer aufsetzen und sie während der Behandlung Melodien von Mozart hören lassen.

Auch Sie können die heilende Wirkung von Musik nutzen. *Die heilende Wirkung*
Wenn Sie erregt oder verwirrt sind, entspannen Sie sich *von Musik*
mit einer Musikmeditation, die Sie nicht nur beruhigt,
sondern Ihnen auch zu einem klaren Blick auf eine ver-
worrene Situation verhilft:

Legen Sie sich bequem an einen Ort, wo Sie ungestört
sind und eine Musikanlage zur Verfügung haben. Schalten
Sie die Musik ein, die Sie sich zuvor ausgesucht haben,
und schließen Sie die Augen. Stellen Sie sich die Melodie,
die Sie nun hören, vor: Ähnelt sie einem breit fließenden
Strom oder einem Wasserfall; erkennen Sie in ihr ein Tier,
etwa eine sich in die Lüfte erhebende Nachtigall, oder ver-
einigen sich in ihr viele Stimmen? Hat die Melodie bestimmte Färbungen, wechseln ihre Stimmungen?

Lassen Sie sich von Ihrer Melodie umschmeicheln. Sie
ist einzig deswegen erklungen, um Sie zu trösten und Ihnen Gutes zu tun. Zärtlich streichelt Sie über Ihren Körper
und umhüllt ihn. Durch Ohren, Nase und Mund dringt Sie
schließlich in Sie ein, um Sie innerlich mit Heilung und
Freude anzufüllen. Empfinden Sie mit, wie sie sich in Ihnen ausbreitet und Wohlgefühl hinterläßt. Genießen Sie
dieses noch eine Weile, nachdem die Musik bereits aufgehört hat.

Welche Musik Ihnen in welcher Stimmung hilft, müssen *Welche Musik paßt zu*
Sie selbst herausfinden. Manche Melodien hören Sie lieber *meinen Stimmungen?*
morgens, um Ihren Kreislauf und Ihre Lebensgeister in
Schwung zu bringen, andere brauchen Sie für eine be-
schauliche, beruhigende oder tröstende Stunde. Erobern
Sie sich die Welt der Musik systematisch: Hören Sie sich

gezielt Musiksendungen an, und notieren Sie sich die Titel, die Ihnen gut gefallen haben. Sie können sie dann kaufen oder in der Stadtbücherei besorgen. Die meisten öffentlichen Bibliotheken verfügen über ein breites Angebot an Kassetten und CDs, von klassischer Musik über Jazz, Rock bis hin zu den neuesten Poprichtungen. Auch Meditationsmusik kann man dort finden. Wenn Ihnen nicht klar ist, wie Sie auf welche Musikrichtung reagieren, bleibt Ihnen nur, systematisch vorzugehen.

In vielen Musikgeschäften kann man übrigens kompetenten Rat erhalten und hat die Möglichkeit, die Musik vor dem Kauf erst anzuhören. Nutzen Sie dies aus. Allein der Streifzug durch Musikabteilungen und -geschäfte ist eine interessante Beschäftigung, zumal wenn Sie Ihre Freundin mitnehmen. Sie können auf dieser Entdeckungsreise viele Eindrücke sammeln, nicht nur musikalischer Art.

Die Musik als ständiger Begleiter

Untersuchungen zufolge sind musizierende Menschen glücklicher. Wer ein Instrument spielt, kommt leichter durch die Pubertät, lernt schneller und ist ausgeglichener. Machen Sie die Musik zu Ihrem ständigen Begleiter: Auf einer längeren Autofahrt überlassen Sie Ihre akustische Ablenkung nicht dem zufälligen Sender, den Sie unterwegs hören. Meistens läuft das auf eine letztlich anstrengende und nervtötende Berieselung mit unterschiedlichsten Klängen hinaus. Am Ende der Autofahrt dreht es sich einem nicht nur vor den Augen, sondern man hat auch noch mit der Kakophonie des inneren Geräuschmülls zu kämpfen. Besser, Sie planen im voraus, welche Musik Sie unterwegs hören wollen, und besorgen sich rechtzeitig

Kassetten. Eine Oper, die ja zwei bis drei Stunden dauert, wäre zeitlich für eine Autofahrt dieser Dauer gut geeignet, und man kann sich dabei auf den Text konzentrieren. Wenn Sie allerdings wenig Opernerfahrungen besitzen, sollten Sie lieber erst eine populäre Oper auf der Bühne sehen, beispielsweise von Verdi oder Mozart. Um einen erfreulichen Zugang zu dieser Musikgattung zu bekommen, ist es hilfreich, zuvor das Libretto und eine musikalische Erklärung gelesen zu haben. Für die Autofahrt eignen sich übrigens sehr gut die gekürzten Opernversionen, d.h. ausgewählte Highlights, die Schlager und Gassenhauer der vergangenen Jahrhunderte.

Viele Beschäftigungen bekommen ein ganz neues Gewicht und Aussehen, wenn sie von Musik begleitet werden. Hierzu gehören solche Hausarbeiten, bei denen man in Ruhe seine Gedanken schweifen lassen kann, wie beim Bügeln oder Gemüseschälen. Haben Sie schon einmal einen Spaziergang mit Walkman gemacht und dabei Vivaldis *Jahreszeiten* gehört? Oder im Garten zu Bachs Kantaten gearbeitet? Oder eine Radtour mit Beethoven erlebt? Wenn nicht, wird es höchste Zeit! Schlummern Sie ein zu *Eine kleine Nachtmusik*, und lassen Sie sich morgens wecken mit Gitarrenmusik aus dem Barock! Ihr Leben erhält ganz neue klangliche und emotionale Schattierungen.

Selbst Musik machen

Wenn Sie Lust haben, selbst zu musizieren, aber kein Instrument spielen, können Sie eines erlernen oder einem Chor beitreten und singen. Chorsingen ist ein wundervolles Erlebnis, bei dem verschiedene Bedürfnisse befriedigt werden: Man lernt die Musik und ihre Komponisten genau kennen und erweitert seinen musikalischen Horizont. Man kann sich an der eigenen Stimme erfreuen, man erfährt die tiefe Befriedigung, wenn ein Stück einstudiert ist und man als Teil eines vielstimmigen Kunstwerks an einer Aufführung mitwirkt, und man befriedigt das Bedürfnis, mit anderen Menschen regelmäßig einer harmonischen Beschäftigung nachzugehen, bei der alle dasselbe Ziel haben. Erkundigen Sie sich nach den Chören in Ihrer Umgebung, gehen Sie ruhig einmal unverbindlich zu einer Chorprobe, und stellen Sie fest, ob das Anspruchsniveau und der Umgangston Ihnen zusagt.

Affirmation:
In der Musik entdecke ich
eine Sprache,
die mein Innerstes berührt.

Ich kenne Leute, die nach Chorsingen süchtig sind und sich nicht vorstellen können, damit jemals aufzuhören.

⇨ Lust auf Neues / Meine kreative Ader

Meine kreative Ader

Jeder Künstler war einmal ein Amateur.

Ralph Waldo Emerson

Sagen Sie nicht, Sie seien nicht kreativ. Jeder Mensch ist es, und wir Frauen sind es sowieso! Wahrscheinlich haben Sie nur noch keinen Zugang zu Ihrer kreativen Ader gefunden – oder vielleicht sind Sie zu anspruchsvoll und glauben, nur veröffentlichte Schriftsteller(innen), bekannte Komponist(inn)en und Maler(innen) verfügten über Kreativität. Dann sollten Sie sich schleunigst von dieser Vorstellung befreien, denn sie hindert Sie daran, Ihre eigenen phantasievollen und schöpferischen Kräfte freizusetzen.

Woran erkennen Sie Ihre Kreativität? Die Antwort ist unglaublich einfach: Kreativ sind Sie, wenn Sie bei einer Beschäftigung das Gefühl haben, ganz bei sich zu sein und etwas Schönes und Richtiges zu tun. Lassen Sie sich von Ihren Impulsen lenken. Wenn Sie das Bedürfnis haben, sich zurückzuziehen und Tagebuch zu schreiben oder in eine Kunstausstellung zu gehen, hören Sie auf ihre innere Stimme. Sie läßt sich immer als Anleitung zur Kreativität deuten.

Leider sind wir gehemmt, uns künstlerisch zu betätigen. Einer der Gründe dafür ist, daß wir in der Schule für unsere gemalten Bilder, vorgetragenen Lieder, Gedichte und

Aufsätze Noten erhalten haben. Natürlich ist eine Bewertung nach Kriterien von «gut» und «schlecht», «schön» und «nicht schön» tödlich für den kreativen Impuls. Es könnte ja wieder was «Schlechtes», «nicht Schönes» dabei herauskommen, wenn wir ein Bild malen. Setzen, Sechs! Nein danke!

Die Angst vor Bewertung ablegen Von dieser tief wurzelnden Sorge müssen wir uns zuerst frei machen. Wenn Sie jetzt ein Aquarell malen möchten, tun Sie das einzig in der Absicht, sich eine Freude zu machen und etwas Schönes, Befriedigendes zu erleben. Sie wollen Ihrer momentanen Stimmung einen Ausdruck geben und haben möglicherweise schon eine Vorstellung, welche Farben Sie verwenden werden. Das ist zunächst ein sehr persönliches Erlebnis, das niemanden etwas angeht, es sei denn, Sie möchten Ihr Aquarell am Ende jemandem zeigen. Verbannen Sie alle Vorstellungen von ästhetischen Ansprüchen, künstlerischen Richtungen und kunstgeschichtlichen Einordnungen aus Ihrem Kopf. Sie werden aus den Tiefen Ihres Selbst ein Bild aus Farben erstehen lassen, das für Sie allein von Bedeutung ist. Wenn es Ihnen gelingt, sich ungeachtet äußerer Einflüsse ganz in Ihr Bild zu vertiefen, dann haben Sie zweifellos ein kreatives Erlebnis.

Ich definiere, was kreativ ist Vielleicht fällt es Ihnen schwer zu ermitteln, in welcher Form Sie am ehesten kreativ sein können. Keine der üblichen kreativen Beschäftigungen reizt Sie sehr, weder Malen oder Zeichnen noch Singen oder Tanzen. Sie stehen nicht auf Töpferkurse und fühlen sich auch nicht zur Dichterin berufen.

Lösen Sie sich von der Vorstellung, daß ein kreativer Akt anschließend ein sichtbares Ergebnis aufweisen muß: ein Bild, eine Vase oder ein Gedicht. Was in Ihnen bewegt wird, ist der Maßstab Ihrer Kreativität. Wenn Sie ein visueller Mensch sind, also starke Eindrücke aus dem beziehen, was Sie mit den Augen in sich aufnehmen, dann konzentrieren Sie sich darauf. Ein Spaziergang durch ein bestimmtes Viertel, dessen Atmosphäre Sie mit offenen Sinnen in sich aufnehmen, ist durchaus kreativ.

Gehen Sie in eine Ausstellung, finden Sie heraus, welches Bild Sie anspricht, und konzentrieren Sie sich darauf. Sehen Sie es sich 15 Minuten lang an. Lassen Sie es auf sich wirken. Was entdecken Sie in diesem Bild? Wie verändert sich Ihre Einstellung dazu, vielleicht wechselt Ihre Stimmung? Beobachten Sie sich selbst, während Sie das Bild in sich speichern und wirken lassen.

Ein Bild zu entdecken, das einem etwas Bestimmtes bedeutet, ist ein Glück. Pflegen Sie es, kaufen Sie sich Postkarten oder Poster, auf denen das Motiv abgebildet ist, damit Sie es auch in Ihrer alltäglichen Umgebung ansehen können. Vielleicht besorgen Sie sich ein Buch über den Maler und sein Bild. Finden Sie heraus, warum Ihnen das Bild viel bedeutet. Vielleicht hat es mit den Farben oder Formen zu tun, vielleicht stellt es eine Szene dar, die für Sie wichtig ist. Vielleicht gibt es Parallelen zwischen dem Leben des Künstlers oder der Künstlerin und Ihrem eigenen. Bereits die intensive Beschäftigung mit einem einzigen Bild, auch über eine längere Zeit, kann äußerst kreativ sein.

Für visuell orientierte Menschen empfiehlt es sich, mit

Visuell orientierte Frauen
können ihren Blick schulen,
wenn sie häufig mit dem
Fotoapparat unterwegs sind.

dem Fotoapparat unterwegs zu sein. Sie sehen eine Szene, die Ihnen interessant erscheint, oder ein Motiv, das in Ihnen etwas anrührt, und fotografieren es, ohne lange nachzudenken. Dabei kann es sich um Außergewöhnliches oder Banales handeln. Sammeln Sie, und erkennen Sie später, ob ein Bild die Stimmung – Ihre Stimmung – eingefangen hat oder nicht. Im Laufe der Zeit merken Sie, welche Motive Träger auch Ihrer inneren Botschaften sein können, und welche nicht. Sammeln Sie Ihre Fotografien auf einer Pinnwand, und ordnen Sie sie zu thematischen Gruppen. Vielleicht bemerken Sie, daß Ihr Blick geschulter wird und Sie sich zu einer Fotografin entwickelt haben, die mit ihren Schnappschüssen mehr auszusagen vermag, als man auf den ersten Blick erkennt.

Affirmation:
Ich suche geduldig nach den
Quellen meiner Phantasie
und Kreativität und lasse
ihnen bei einer neuen
Beschäftigung freien Lauf.

⇨ Lust auf Neues

Liebevoll mit der Natur umgehen

Ich sehe meine Aufgabe darin,
in jeder mir möglichen Weise dazu beizutragen,
daß die Erde geheilt werde. Ich fühle, daß wir in einer Zeit leben,
in der die Erde verzweifelt nach Heilung verlangt.

Brooke Medicine Eagle (Schamanin der Nez Percé und Sioux)

Wieviel Glück und Wohlbefinden beschert uns die Natur, und doch gehen wir nicht sorgfältig mit ihr um: Obwohl die bedrohlichen Prozesse der Naturzerstörung seit Jahren der Öffentlichkeit bekannt sind, handhaben wir dieses Wissen auf eine merkwürdige Art. Kaum jemand fühlt sich persönlich verantwortlich und handelt entsprechend. «Umweltzerstörung» ist in unserem Alltag mittlerweile ein geläufiger Begriff, und doch behandeln wir ihn nur als etwas Theoretisches, das uns nichts angeht. Schrecklicher Irrtum!

Wir können durchaus daran mitarbeiten, daß wir auch im Alter noch die Schönheit eines gesunden Baumes auf einer grünen Wiese genießen und unseren Kindern eine Welt hinterlassen, in der die Luft rein und das Wasser sauber ist. Gerade als Frauen, die wir eine starke innere Verbindung zur Natur haben, können wir auf vielfältige Art Hüterin einer lebens- und liebenswerten Umwelt sein. Zudem sorgen wir durch unser gutes Beispiel dafür, daß auch unseren Kindern ein umweltfreundliches Verhalten selbstverständlich wird.

Gut zu unserer Umwelt sein

Natürliche
Reinigungsmittel

Zum Saubermachen kann man auf viele natürliche Mittel zurückgreifen, die schon unsere Großmütter benutzten. Chemisch synthetisierte Wasch- und Putzmittel lassen sich gut durch natürliche ersetzen: Kernseife, Zitronensaft und Essig sind ideale Reiniger. Geben Sie beispielsweise drei Eßlöffel von Zitronensaft oder Essig auf ¼ Liter Wasser, wenn Sie im Bad einen Seifenfilm oder in der Küche einen Fettfilm von den Kacheln entfernen wollen. Auch zum Fensterputzen eignet sich die Wasser-Essig-Mischung sehr gut.

Welche elektrischen Geräte
sind wirklich nötig?

Sparen Sie Strom. Hängen Sie Ihre Wäsche in Sonne und Wind, anstatt sie in den Trockner zu stecken. Viele elektrische Geräte in unserer Umgebung erzeugen elektrische und magnetische bzw. elektromagnetische Felder, die unserer Gesundheit schaden. Natürlich ist es unrealistisch, auf alle Haushaltsgeräte zu verzichten. Ohne Wasch- und Spülmaschine würden wir unsere gesamte Zeit mit anstrengenden Hausarbeiten verbringen, die wir heutzutage – Gott sei Dank! – an Maschinen delegieren können. Aber nicht alle Geräte, die wir mittlerweile flächendeckend benutzen, sind wirklich vernünftig und nötig, wie etwa die Mikrowelle, elektrische Zahnbürste, elektrische Heizdecke, Radiowecker, Kaffeemaschine ...[5]

Verzichten sollten Sie auch auf einen umweltbelastenden Weichspüler. Viele Leute benutzen diesen wegen des Geruchs, den er in der Wäsche hinterläßt. Aber der Duft von Blumen, Wiese, Sonne und Wind ist mindestens so gut wie der aus dem Spülgang. Eine angenehme Alternative zum Weichspüler sind einige Tropfen eines ätherischen

5   In seinem Buch *Elektrosmog – die unsichtbare Gefahr* (München 1997) stellt Knut Sievers eindrucksvoll dar, welcher Strahlenbelastung wir in unserem Alltag ausgesetzt sind und wie wir sie verringern können.

Öls im letzten Waschgang, wodurch die Wäsche mindestens ebensogut riecht.

Die Gefahren, die vom wachsenden Autoverkehr auf unseren Straßen für die Umwelt ausgehen, braucht nicht lang und breit erläutert zu werden: Sie sind wohlbekannt. Trotzdem gibt es keine gesetzlichen Regelungen, die diesen gefährlichen Verkehr einschränken würden. Im Gegenteil: Zu viele Wirtschaftszweige sowie der Staat verdienen daran, als daß mit staatlicher Reglementierung zu rechnen wäre. Nehmen wir also wenigstens im kleinen Kurskorrekturen vor. Lassen wir soweit wie möglich das Auto stehen und benutzen statt dessen das Fahrrad oder öffentliche Verkehrsmittel. Fahrgemeinschaften lassen sich relativ einfach organisieren. Man muß nur den ersten Schritt tun und Arbeitskollegen oder Nachbarn ansprechen. Eine Anzeige in der lokalen oder Stadtteilzeitung führt meist zu Interessengemeinschaften, die sich ein Fahrzeug teilen. Erkundigen Sie sich an Ihrem Ort danach, ob es Fahrzentralen gibt. Car-sharing ist mittlerweile relativ verbreitet.

Weitgehender Verzicht auf die Fahrt mit dem eigenen Auto

Können Sie sich vorstellen, ganz auf Ihr Auto zu verzichten? Eine Freundin von mir hat ihr Fahrzeug verkauft und mir verraten, daß sie deswegen auf keine Bequemlichkeit verzichten muß und sogar noch Geld spart: «Drei Monate lang habe ich konsequent das Auto stehen gelassen. Ich habe ausgerechnet, wieviel mich das Auto monatlich kostet, und habe mir diesen Betrag zur Seite gelegt, um davon die Kosten für sämtliche Transporte mit Bus und Bahn zu bestreiten. Zwar konnte ich es zweimal nicht vermei-

Vorsatz:
Ich werde mich über meine
Umwelt informieren und es
zu einer täglichen
Gewohnheit machen,
sie zu schützen.

den, mit dem Taxi zu fahren, was ja von der Umweltbelastung her nicht viel besser ist, als mit dem eigenen Auto zu fahren, aber ich hatte am Ende Geld übrig, und das, obwohl ich an Mobilität in diesen drei Monaten nichts eingebüßt habe.»

Müllvermeidung

Müll läßt sich leicht vermeiden, wenn man Getränke in wiederverwertbaren Pfandflaschen kauft; statt Plastiktüten einen Einkaufskorb oder Jute- beziehungsweise Stoffbeutel benutzt und Obst und Gemüse auf dem Markt nicht einzeln in Tüten füllen läßt, sondern unverpackt in den Korb räumt.

Wiederverwendbare Verpackungen sind den Einwegverpackungen aus umweltschädlichem Material unbedingt vorzuziehen. Kaufen Sie Bier nicht in der Dose, sondern in der Pfandflasche, und der Joghurt im Glas ist umweltschonender als der im Plastikbecher. Verwenden Sie Verpackungen mehrfach, z. B. die Eierschachtel. Machen Sie die Müllvermeidung zu einem Familienspiel. Sie werden erstaunt sein, wie viele Möglichkeiten Sie entdecken und wie befriedigend diese Strategie sein kann.

Lebensmittel aus kontrolliert
biologischem Anbau

Lebensmittel zu verzehren, die von überdüngten Feldern kommen, unterstützt nicht nur den grundwasser- und umweltbelastenden Verbrauch chemischer Düngemittel, sondern gefährdet auch unsere Gesundheit. Versorgen Sie sich möglichst mit Lebensmitteln, die aus kontrolliert biologischem Anbau kommen, denn dort wird auf den Einsatz chemischer Dünge-, Insekten- und Unkrautvernichtungsmittel verzichtet und auf natürlichen Dünger bzw. mechanische Unkrautbeseitigung zurückgegriffen. Dadurch sind die ökologisch gezogenen Lebensmittel zwar etwas teurer, aber gemessen an dem Schaden, den sie für die Umwelt und an der Gesundheit vermeiden, immer noch preisgünstig.

Affirmation:
Ich liebe und ehre die mich umgebende Natur und tue alles, um sie zu erhalten.

⇨ Pflanzen in meiner Umgebung

Das ABC für Kräuterhexen

Heilende Kraft, du brichst dir Bahn!
Du durchdringst alle Höhen und Tiefen,
du reichst in alle Abgründe,
du baust alles auf und bindest es aneinander.

Hildegard von Bingen

Unsere weise Vorfahrin, die Äbtissin und Ärztin Hildegard von Bingen, besaß wie viele Frauen früherer Zeiten eine tiefe und umfassende Kenntnis der Wirkstoffe, welche die Natur hervorbringt. Der männliche Machtanspruch, nicht zuletzt auch von der Kirche durchgesetzt, führte dazu, daß dieses Wissen unterdrückt wurde. Und die moderne Medizin, die sich in diesem Jahrhundert besonders auf die synthetisierten Arzneimitteln stützte, ließ die Kenntnis von den Heilwirkungen pflanzlicher Mittel endgültig in Vergessenheit geraten.

Nein, nicht ganz! Zunehmend wird die Naturheilkunde wieder populär, und das Interesse an der Behandlung mit pflanzlichen Extrakten nimmt zu, auch bei Ärzten. Eine Reihe von Beschwerden kann man durchaus wirkungsvoll mit Kräutern behandeln.

Wie werde ich eine Kräuterhexe? Sie können sich leicht zu einer Kräuterhexe entwickeln. Besorgen Sie sich ein Buch über Kräuter und ihre Anwendbarkeit. Kaufen Sie sich nicht gleich zwanzig, sondern fangen Sie mit ein oder zwei Tees an, die Sie gut gebrauchen können, etwa Lavendel und Johanniskraut zum Entspannen und Wohlfühlen. Allmählich erproben Sie weitere Tees oder die Wirkung von Kräutern als Badezusatz, bis Sie für bestimmte Anwendungen gar nicht mehr nachschlagen müssen, sondern aus eigener Erfahrung wissen, welches Kraut wann hilft.

Für die Zubereitung von Tee verwenden Sie am besten getrocknete Kräuter aus der Apotheke oder Naturkostläden. Pflücken Sie die Kräuter nur dann selbst, wenn Sie im Erkennen der Pflanze ganz sicher sind. Das Kraut wird mit ¼ Liter kochendem Wasser überbrüht und zieht in der Regel zehn Minuten, bevor der Aufguß gesiebt und getrunken wird.

Drei frische oder getrocknete Blätter von Walderdbeeren	*Bauchschmerzen (Magen/Darm)*
½ TL Anis ½ TL Fenchel 1 TL Bohnenkraut	*Blähungen*
½ TL Bohnenkraut ½ TL Brombeere ½ TL Kamille ½ TL Ringelblume	*Durchfall*
½ TL Anis ½ TL Fenchel (gute Mischung für Kinder)	*Husten*

oder:
2 TL Malve abends kalt ansetzen, morgens abseihen und ein wenig erwärmen, lauwarm trinken.

Immunstärkung   Lassen Sie sich in der Apotheke folgende Mischung herstellen:

     20 g Brennessel
     30 g Hagebutte
     10 g Melisse
     20 g Schafgarbe
     15 g Tausendgüldenkraut.

Überbrühen Sie einen Eßlöffel von dieser Mischung in einer Tasse mit heißem Wasser, und lassen Sie sie zehn Minuten ziehen. Bis zu vier Tassen täglich trinken.

Nierenentzündung   Lassen Sie sich in der Apotheke folgende Mischung herstellen:

     15 g Johanniskraut
     20 g Frauenmantel
     15 g Stechpalme
     10 g Bibernelle
     20 g Gelbe Taubnessel
     20 g Gänsefingerkraut

Von dieser Mischung setzen Sie 30 g täglich mit je einem Liter Wasser kalt an und bringen es zum Sieden. Zehn Minuten ziehen lassen, abseihen und über den Tag verteilt den Liter trinken.

1 TL Frauenmantel	*Regelbauchschmerzen*
½ TL Ringelblume	
½ TL Brennessel	

Zusätzlich ist die Einnahme von Nachtkerzenöl oder Schwarzkümmelöl in Kapseln empfehlenswert.

½ TL Melisse	*Schlafstörungen*
½ TL Johanniskraut	

oder:
1 TL Lavendel

oder:
1 TL Hopfen.

1 TL Kamille	*Schnupfen*
1 TL Spitzwegerich (10 Minuten ziehen lassen)	

oder:
1 TL Lindenblüten (überbrühen und sofort abseihen und trinken)

oder:
1 TL Thymian (überbrühen und kurz ziehen lassen)

Bei Schnupfen und Stirnhöhlenkatarrhen empfehlen sich
Kopfdampfbäder:

3 EL Kamillen- und 1 EL Lindenblüten werden in einer Schüssel mit 1 Liter kochendem Wasser überbrüht. Tropfen Sie, falls zur Hand, etwas Teebaumöl in die Flüssigkeit. Dann beugt man sich über die Schüssel und hält den Kopf so tief wie möglich in den aufsteigenden Dampf. Um diesen nicht zu schnell entweichen zu lassen, legt man sich ein Handtuch über Kopf und Schüssel und atmet tief durch Mund und Nase ein. Halten Sie möglichst zehn Minuten aus. Diese schweißtreibende Angelegenheit ist übrigens auch eine gute Hautreinigung.

Stärkung der Libido   Sellerie, in jeder Form genossen, auch als Tee oder zweimal täglich fünf Tropfen Sellerieöl in etwas Wasser einnehmen.

oder:

> Majoran als Gewürz oder zweimal täglich 5–8 Tropfen Majoranöl in etwas Wasser einnehmen.
>
> oder:
>
> Lassen Sie sich in der Apotheke folgende Teemischung herstellen:
>
> 10 g Blutwurz
> 15 g Veilchen
> 20 g Bärlapp
> 10 g Sellerie
> 20 g Koriander

Setzen Sie einen Eßlöffel der Mischung mit einem Viertelliter kaltem Wasser an, und bringen Sie es zum Sieden. Drei Minuten kochen und anschließend zehn Minuten ziehen lassen. Täglich eine Tasse davon trinken.

1 TL Baldrian (dreimal täglich eine Tasse)   *Streß*

oder:
1 TL Johanniskraut

½ TL Brennessel   *Verstopfung*
½ TL Gänseblümchen
1 TL Rhabarberwurzel (kleingeschnitten)

Stecken Sie sich eine Nelke ins Zahnloch. Auch ein Tropfen   *Zahnschmerzen*
Nelkenöl, auf die schmerzende Stelle gerieben, lindert den
Schmerz.

> oder:
> Sie reiben sich ein- bis zweimal täglich zerrie-
> bene Zwiebeln auf die schmerzende Stelle.

Kräuterbäder haben eine wohltuende Wirkung. Sie können   *Kräuterbäder*
sie leicht herstellen, indem Sie die Kräuter in einem Leinensäckchen ins Badewasser legen oder einen Absud aus
den Kräutern herstellen. Für einen Kräuterabsud kocht
man im zugedeckten Topf bei kleiner Flamme 30 bis 60 g
Kräuter eine Viertelstunde lang in einem knappen Liter
Wasser. Anschließend wird die Flüssigkeit durch ein Sieb
ins Badewasser geschüttet. Die Kräuterrückstände können
in einem Leinensäckchen ebenfalls ins Badewasser.
    Die mit Kräutern gefüllten Säckchen sollten leicht ver-
schlossen werden: Schlagen Sie die offene Seite zweimal

Entdecken Sie die Vielfalt heilender und wohlschmeckender Kräuter.

um, und befestigen Sie den Rand mit ein oder zwei Sicherheitsnadeln oder drei groben Nadelstichen mit Garn.

Entspannung   Für ein entspannendes Kräuterbad wählen Sie je nach Vorliebe einige der folgenden Kräuter aus und mischen sie: Schafgarbe, Kamille, Thymian, Lavendel, Rosmarin und Johanniskraut.

Erfrischung   Erfrischend und energetisierend können Badezusätze aus Rosmarin, Minze, Bergbohnenkraut, Wiesenkönigin, Majoran und Veilchen wirken.

Affirmation:
*Ich heile und stärke mich
mit den Kräften der Natur.*   ⇨ Natürliche Aphrodisiaka

Ich bin so, wie ich bin – na und?

Irgendwann war ich es leid. Meinen Kindern konnte ich es nie mit dem Kochen recht machen, meinem Mann war ich zu dick geworden, meine Schwiegermutter fand meine Haushaltsführung zu chaotisch, und ich fand mich überhaupt und rundherum unmöglich und wäre am liebsten eine ganz andere gewesen.

Und dann wußte ich, daß ich eine neue Perspektive brauchte, eine eigene Perspektive. Perspektive heißt, aus einer bestimmten Blickrichtung die Welt betrachten. Wenn ich eine eigene Perspektive suchte, so mußte ich zunächst bestimmen, was meine Persönlichkeit ausmachte und wo ihr Zentrum war. Von dort aus, nur noch von meinem Denken, Fühlen und Wünschen aus, wollte ich die Welt neu betrachten und bewerten.

Alles eine Frage der Perspektive

Die Suche nach der neuen eigenen Perspektive ist nicht einfach, denn sie ist gleichzusetzen mit der Frage nach der eigenen Identität. So anstrengend die Suche nach dem richtigen Blick ist, ich ließ nicht locker, ich probierte alle Blicke der Welt aus, vor allem den Blick auf mich selbst.

Wenn ich meine Schwächen bedachte, meine häufige Unentschlossenheit etwa, so sah ich mich mit den Augen der anderen in meiner Umgebung. Wie wirkte mein Verhalten auf meinen Mann, meine Kinder, meine Mutter oder meine Schwiegermutter? Wie reagierten Menschen darauf, die mir weniger nahe standen? Und was bedeutete mein Verhalten für mich?

Im Fall meiner Unentschlossenheit bewirkte das Ausprobieren verschiedener Perspektiven, daß ich selbst ziemlich genervt war von mir und diese leidige Unentschlossenheit zielstrebig ablegte.

In anderen Fragen aber deckte sich meine Perspektive nach längerem Ausprobieren nicht mit der von anderen: Daß meine Haushaltsführung etwa chaotisch sei, konnte ich nicht einsehen. Im Gegenteil: Bei genauerer Betrachtung wurde mir deutlich, daß meine Schwiegermutter eine ziemlich neurotische Person war. Sie konnte die Vorstellung nicht ertragen, daß Staub, Krümel, gar Straßendreck in ihr Haus getragen wurden. Ihr Blutdruck erhöhte sich, wenn wir zu Besuch kamen, weniger aus Freude als vielmehr aus der Panik, daß die Kinder alles in Unordnung bringen könnten.

Ich hingegen war völlig unbelastet von ähnlichen Vorstellungen. Auf den Kacheln im Bad sah man die getrockneten Spuren von Wassertropfen. Na und? Hauptsache, wir waren beim Duschen sauber geworden!

Zwischen den Steinplatten auf der Terrasse wuchsen Moos und Gras, und Unkräuter zeigten sich auch in den Beeten. Na und? Bei mir brauchen die Tulpen nicht stramm zu stehen.

Die Jeans meines Sohnes war am Knie aufgerissen. Na

und? Seine Kleidung ist immer sauber, und ihn stört's nicht.

Ich koche und backe nicht genug? Na und! Auf jeden Fall essen wir gesund, und den Sonntagsbraten oder die Sahnetorte brauchen wir wirklich nicht zu unserem Glück!

Mit der Kritik meiner Schwiegermutter wurde ich also ziemlich schnell fertig – was mir unglaublich guttat und viel Stärke vermittelte.

Für die Kritik der Kinder, denen ich es mit dem Essen selten recht machen konnte, fand ich ebenfalls eine Lösung: Jedes Familienmitglied durfte sich einmal in der Woche sein Lieblingsessen wünschen und wurde in die Zubereitung einbezogen. Da jeder einmal drankam, hörte das Gemaule bald auf.

Hinsichtlich der mehr oder weniger verhohlenen Kritik meines Mannes an meinem Gewicht dauerte es etwas länger, bis ich meine ganz eigene Einstellung dazu gefunden hatte. An diesem Punkt war ich damals leicht zu treffen, was nicht weiter verwundert. Schlankheit ist für Frauen geradezu ein gesellschaftlich vorgeschriebenes Muß, und es braucht schon viel Kraft, um sich diesem tyrannischen Idealbild zu entziehen.

Ich habe mich vor den Spiegel gestellt und versucht, meinen Körper aus allen möglichen Perspektiven anzusehen. Keine Model-Figur, wohl wahr, aber gab es nicht doch den ein oder anderen anziehenden Punkt? Für ein Model mochten Hüft-, Taillen- und Brustumfang inakzeptabel sein, aber waren meine vollen Brüste nicht sehr schön und sinnlich? Und war ich nicht immer schon auf meine mus-

«Dick» – na und?

kulösen Arme und Beine stolz gewesen, in denen so viel
Kraft steckte? Vor dem Spiegel suchte ich immer wieder
erst die Stellen, die ich an mir nicht so schön fand, und
dann wandte ich mich den schönen Stellen zu, und zwar
bewunderte ich die mindestens doppelt so lang. Alles in
allem fand ich mich doch ziemlich gelungen. Auch wurde
mir allmählich klar, daß ich durchaus nicht «dick» war.
Mein Gewicht lag keineswegs über den sogenannten
«Grenzwerten». Nur war mir das wegen meines geringen
Selbstwertgefühls und der fehlenden eigenen Perspektive
nicht so deutlich gewesen.

Aus eigener Erfahrung kann ich jeder Frau, die kritisiert
wird oder sich selbst zu kritisch betrachtet, empfehlen,
erst einmal laut «Na und?» zu rufen: «Na und? Na und!
Na und?!!»

Affirmation:
Ich sehe die Welt mit meinen Augen, und ich sehe, daß an und in mir viel Schönes ist.

Manche Kritik ist berechtigt, aber davon sollten wir uns
erst selbst überzeugen. Und falls sie uns nicht einleuchtet,
suchen wir uns lieber eine neue Perspektive, mit der wir
besser leben können.

⇨ Ich bin stark, gesund und glücklich – die Macht der
   Suggestion / Wichtiges von Unwichtigem unterscheiden / Der Intuition vertrauen

Vielfalt der Facetten:
Verwandlungsspiele

Spielen ist experimentieren mit dem Zufall.

Novalis, Fragmente

Die Selbsterforschung kann zu einem spannenden, vergnüglichen Spiel werden, wenn wir uns in der Phantasie verwandeln.

Überlegen Sie einmal, in welcher anderen Form Sie auf die Welt gekommen sein könnten. Fragen Sie sich: Wenn ich ein Tier wäre, was wäre ich am ehesten?

Was wäre ich, wenn ...

In welches Tier können Sie sich hineinversetzen? Welche Eigenschaften werden ihm nachgesagt, die Sie auch in sich entdecken? Mit welchem Tierverhalten können Sie sich am ehesten identifizieren? Suchen Sie nach solchen Merkmalen: Grazilität, Vorsicht, List, Lebensfreude, Faulheit, Fürsorglichkeit, Dickhäutigkeit, Flatterhaftigkeit ...

Haben Sie ein Tier gefunden, dem Sie ähneln, versetzen Sie sich in es hinein. Sie sind nun dieses Tier: Bewegen Sie sich wie dieses Tier, ahmen Sie seine Laute, seine spezifischen Verhaltensweisen nach. Was empfinden Sie? Fühlen Sie sich wohl in dieser Rolle, oder wird sie Ihnen zunehmend fremd. Vielleicht entdecken Sie, daß Sie eher einem anderen Tier gleichen. Möglicherweise haben Sie ganz andere Charakterzüge, als bisher angenommen.

Dieses Spiel läßt sich auf viele weitere Bereiche anwenden. Welche Pflanze wären Sie, welches Parfüm, welcher Edelstein, welches Kleidungs- oder Möbelstück, welches Musikstück, welcher Tanz, welche Farbe, welche Jahreszeit, welches Kunstwerk, welches Obst, Gemüse …

Das Spiel sagt Ihnen vieles über Ihre Eigenschaften und Ihr Selbstbild und führt Ihnen den Reichtum Ihrer Persönlichkeit und die Vielfalt Ihrer Facetten vor Augen.

Ein vergnügliches Spiel

Man kann es auch mit einem oder mehreren Partnern spielen, um etwas über sein Fremdbild zu erfahren und dieses mit dem Selbstbild zu vergleichen. Eine Variante: Schicken Sie eine Person hinaus, und wählen Sie in der Gruppe jemanden aus, der erraten werden muß. Der Ratende kommt wieder herein und befragt nacheinander die Anwesenden, etwa den ersten: «Was wäre die Person, wenn Sie eine Blume wäre?» Jedesmal lautet die Frage anders. Interessant ist, wie schnell die betroffene Person erraten wird.

Affirmation: Spielerisch erfahre ich Veränderungen, erweitere meine Grenzen und wachse.

Bei diesem amüsanten Spiel kann man viel darüber lernen, wie andere einen sehen. Aber Sie sollten sich auch der Psychodynamik dieses Spiels bewußt sein und es nur mit guten Freunden spielen. Ich habe schon erlebt, daß Menschen sich sehr gekränkt fühlten, wenn sie etwa als «harte Holzbank» oder «Kuh» gesehen wurden. Fingerspitzengefühl ist hier erforderlich und die Sicherheit, daß die anderen einem nichts Böses wollen.

⇨ Wer bin ich?

Welche Meditationsform ist für mich die richtige?

Treib den Fluß nicht, laß ihn strömen!

Laotse

Gelegentlich höre ich Klagen wie: «Eigentlich würde ich sehr gern meditieren, aber ich weiß nicht, wie» oder: «So sehr ich mich auch anstrenge, ich schaffe es einfach nicht, mich zu konzentrieren und meine Gedanken nicht abschweifen zu lassen». Wegen solcher verbreiteten Unsicherheiten möchte ich Ihnen hier einen kurzen Überblick über verschiedene Meditationstechniken geben, aus denen Sie die für sich passende auswählen können.

In der Meditation befindet sich der Mensch in einem Zustand verminderten Stresses, weswegen sich diese ursprünglich in Asien praktizierte Technik in unserer hektischen westlichen Welt zunehmend verbreitet: Durch das Heraufbeschwören einer «meditativen Stimmung» gelangen wir zu einer besonderen Bewußtseinsstufe, auf der wir leichter den Kontakt zu unserer inneren Erfahrung und unseren tieferen Quellen finden. In der Meditation hat rationales Denken keine Bedeutung. Im Gegenteil werden Gedanken vermieden. Im Idealfall gelingt uns ein Zustand «frei schwebender Aufmerksamkeit»[6], die Zentrierung auf uns selbst, eine ziellose Versunkenheit. Wie auch immer man diesen Zustand bezeichnen will – das Ziel des Medi-

6 Patricia Carrington: *Das große Buch der Meditation.* Bern, München, Wien 1996 (5. Aufl.), S. 23.

tierenden ist es in jedem Fall, eine tiefe neue existentielle Erfahrung zu machen.

Der meditative Zustand kann auf unterschiedlichen Wegen erreicht werden. So kann man unentwegt ein Mantra, also einen bestimmten rituellen Klang oder ein Wort, im Geist oder auch laut wiederholen. Manche Menschen geraten in eine meditative Stimmung, indem sie ruhig auf einen Gegenstand wie ein Bild oder eine Flamme blicken. Andere wieder konzentrieren sich auf ein Geräusch, beispielsweise Meeresrauschen, oder auf eine körperliche Empfindung. Man kann sich öffnen für die eigenen aufsteigenden Gedanken oder aber diese verdrängen. Bestimmte Bewegungen oder Tanzformen führen ebenfalls in den erwünschten Zustand.

Wie auch immer Sie vorgehen wollen, in allen Fällen gilt es zu beachten, daß Sie sich möglichst nicht von äußeren Einflüssen ablenken lassen. Ziehen Sie sich an einen Ort zurück, an dem Sie keiner stört. Stellen Sie die Türklingel und das Telefon ab. Meditieren Sie bei gedämpftem Licht, tragen Sie lockere Kleidung, und nehmen Sie eine bequeme Körperhaltung ein. Sie können sich sitzend gegen eine gerade Rückenlehne lehnen oder locker vornüber gebeugt in Kutscherhaltung auf einem Hocker sitzen. Schließen Sie die Augen, wenn Sie nicht einen bestimmten Gegenstand fixieren. Der Raum sollte möglichst wenig Ablenkung bieten.

Zu Beginn der Meditation kann man sich mit einigen beruhigenden Sätzen einstimmen, die man im Geist ständig wiederholt: «Ich entspanne mich vollkommen ... Meine Muskeln entspannen sich ... Ich werde immer entspannter ... Ich genieße das Gefühl tiefer Entspannung ...»

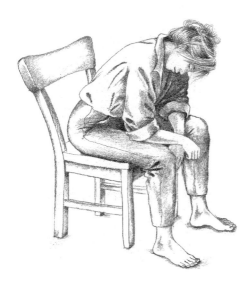

Die Kutscherhaltung ist
ideal zur Meditation.

Wie oft wird meditiert? Möglichst zweimal täglich 20 bis
30 Minuten lang am gleichen Ort, z. B. morgens und am
späten Nachmittag, am besten vor den Mahlzeiten, denn
bei vollem Magen ist eine Meditation unwirksam. Auch
sollte man keine anregenden Getränke wie Kaffee, Tee
oder Cola zu sich genommen haben, da die Meditation ja
beruhigen soll.

    Wenn es Ihnen zeitlich schwerfällt, zwei Meditationen
pro Tag unterzubringen, reicht auch eine, die aber sollte
regelmäßig durchgeführt werden. Sporadische Meditationen mögen angenehm sein, aber sie haben keine tiefere
Auswirkung.

Wie oft wird meditiert?

Nehmen Sie sich Zeit   Wichtig ist, daß Sie sich bei der Meditation Zeit und Ruhe
                           lassen. Ein rasselnder Wecker kann einen ebenso unange-
                           nehm und verstörend aus der Meditation reißen wie aus
                           tiefem Schlaf. Besser bringen Sie in Ihrer Nähe eine Uhr an,
                           auf die Sie hin und wieder durch halb geschlossene Augen
                           blicken. Wenn die Meditationszeit zu Ende ist, bleiben Sie
                           noch ein, zwei Minuten sitzen, bevor Sie tief durchatmen,
                           sich räkeln und langsam aufstehen.
                              Wer sollte meditieren? Die Antwort ist einfach: Jeder,
                           dem es guttut, wird von sich aus die Meditation suchen,
                           wenn er bzw. sie deren wohltuende Erfahrung gemacht
                           hat. Wissenschaftlich nachgewiesen sind verschiedene
                           Folgen regelmäßiger Meditation:

Positive Wirkungen der   • In der Meditation ist der Stoffwechsel herabgesetzt, was
Meditation   die tiefe körperliche wie seelische Entspannung erklärt.
                           • Wer regelmäßig meditiert, empfindet weniger Angst.
                           • Meditation kann suchtbekämpfend wirken und den
                             Mißbrauch von Drogen, Nikotin und Alkohol reduzie-
                             ren.
                           • Psychologische Studien haben ergeben, daß langfristi-
                             ges Meditieren zu verbesserten Denk- und Arbeitslei-
                             stungen führt und das Auswendiglernen sowie das Lö-
                             sen mathematischer Aufgaben erleichtert.
                           • Meditierende Menschen entwickeln eine starke Kreati-
                             vität.
                           • Meditation stärkt Selbstvertrauen und Lebensfreude.
                           • Sie fördert die Spontaneität und die Fähigkeit zu inti-
                             mem Kontakt.
                           • Sogar bei Krankheiten wie Bronchialasthma, Neuroder-

mitis, Krebs und einigen Sprachstörungen hat regelmäßige Meditation nachweislich zu Besserung geführt.

- Und: Meditation unterstützt und stärkt die Selbstverwirklichung. Es wäre also für jede Frau den Versuch wert, mit der Meditation eigene Erfahrungen zu machen.

Für welche Form der Meditation Sie sich entscheiden, hängt von Ihnen ab. Im folgenden gebe ich Ihnen einen Überblick über verschiedene Vorgehensweisen, die jeder Laie leicht praktizieren kann. Wenn Sie sich nach Lektüre dieses Kapitels nicht sofort für eine Meditationstechnik entscheiden möchten, können Sie an aufeinanderfolgenden Tagen die verschiedenen beschriebenen Techniken ausprobieren und sich dann für die entscheiden, die Ihnen am angenehmsten war.

Welche Meditationstechnik ist für mich die richtige?

Die Atemmeditation empfiehlt sich zur abendlichen Anwendung für Menschen, die Schlafprobleme haben.

Atmen Sie langsam und tief ein. Dabei denken Sie das Wort «ein». Nun atmen Sie bewußt aus und denken an das Wort «aus». Nach diesem ersten bewußt gelenkten Atemzug lassen Sie Ihrem Atem freien Lauf, atmen Sie, wie es kommt, ohne darauf zu achten. Bei jedem Einatmen denken Sie weiterhin «ein», bei jedem Ausatmen «aus». Dehnen Sie die beiden Worte für die Länge des Atmens. Die Worte helfen Ihnen, sich auf die Atmung zu konzentrieren. Wenn Sie ruhig geworden sind, verschwinden die Worte von allein. Bemerken Sie hingegen, daß Ihre Gedanken ab-

Anleitung:
Die Atemmeditation

schweifen, so nehmen Sie das Mitdenken von «ein» und «aus» als Begleitung des Atems wieder auf.

Beenden Sie die Meditation nach 20 Minuten, indem Sie noch einige Minuten mit geschlossenen Augen verweilen und sich langsam wach machen.

Anleitung:
Die Mantra-Meditation

Wählen Sie ein möglichst angenehm klingendes, aber emotional neutrales Wort aus, also keinen Begriff, der lebhafte Assoziationen weckt, und auch keinen Namen. Gut eignen sich die Sanskrit-Mantras «Ra-mah» (= Gottheit Rama) oder «Ah-nam» (= «ohne Namen») oder das hebräische Wort für «Gesang»: «Shi-rim». Gehen Sie liebevoll mit Ihrem Mantra um, vertrauen Sie es nicht jedermann an.

Zunächst setzen Sie sich bequem hin und schließen die Augen. Nun sprechen Sie das Wort laut vor sich hin. Probieren Sie aus, wie es klingt, wenn Sie Betonung, Stimmfall oder Rhythmus ändern. Sie können sich dazu bewegen, indem Sie den Oberkörper im gleichen Rhythmus wiegen. Allmählich werden Sie leiser, bis Sie ganz verstummen. Nun sprechen Sie Ihr Mantra nur noch im Geiste und beobachten, wie es sich verselbständigt. Lassen Sie sich ziellos treiben, und lenken Sie nicht.

Nach 20 Minuten beenden Sie die Meditation, indem Sie noch ein paar Minuten mit geschlossenen Augen verweilen und langsam wach werden.

Die Anwendung dieser Meditationstechnik dauert nur fünf Minuten.

Anleitung:
Die visuelle Meditation

Wählen Sie einen angenehm anzusehenden Gegenstand wie eine Blume, eine einfache Tonform o. ä. aus, und legen Sie ihn vor sich in einem Abstand von ungefähr einem Meter vor einen leeren Hintergrund. Eine Kerzenflamme wird gern gewählt, sie kann aber die Augen ermüden. Setzen Sie sich bequem hin, und betrachten Sie nun den Gegenstand. Dabei gilt es nicht über ihn nachzudenken, sondern ihn als etwas Neues, Bedeutungsfreies zu sehen. Für die Augen ist es am günstigsten, wenn Sie einige Sekunden auf den Gegenstand sehen (ihn nicht starr fixieren!) und dann hinter den Gegenstand blicken, durch ihn hindurch. Nach weiteren Sekunden richten Sie den Fokus wieder auf den Gegenstand. Überlassen Sie sich dabei dem Rhythmus Ihrer Augen, Sie werden herausfinden, welche Zeitabstände für Sie richtig sind.

Beenden Sie die Meditation nach fünf Minuten, indem Sie die Augen schließen und langsam wach werden.

Setzen Sie sich bequem hin, und wählen Sie eine leichte Bewegung aus, die Sie ohne Kraftanstrengung machen können. Bewährt haben sich folgende Bewegungen:

Anleitung:
Die Bewegungsmeditation

- Der Kopf wird leicht hin und her gewiegt, und gleichzeitig klopft man im selben Takt mit der Hand oder dem Fuß.
- Man legt die Handflächen wie im Gebet zusammen und entfernt sie dann voneinander, wobei die Fingerspitzen

sich weiterhin berühren. Dann schließen sich die Handflächen wieder.

Sie können sich aber auch eine eigene Bewegung ausdenken. Wichtig ist, daß sie leicht auszuführen ist. Lassen Sie sich nicht irritieren, wenn die Bewegung Ihnen zunächst ungelenk erscheint. Mit etwas Geduld werden Sie die Erfahrung machen, daß Ihr Körper irgendwann den Rhythmus bestimmt und die Bewegung ganz allein übernimmt. Überlassen Sie sich ganz der weisen Lenkung Ihres Körpers.

Fördern Sie Kreativität und Wohlbefinden durch tägliche Meditation.

Beenden Sie die Meditation nach 20 Minuten, indem Sie die Körperbewegungen auspendeln lassen. Verweilen Sie noch eine Minute mit geschlossenen Augen, bevor Sie sich strecken und langsam aufstehen.

In der Meditation unterliegen Sie keinem Druck. Es gibt kein «Richtig» oder «Falsch». Vertrauen Sie sich, und lassen Sie alles zu, was geschieht. Allerdings sollte die Meditation Ihnen spürbar guttun. Wenn Sie Unbehagen empfinden, wenn Sie merken, daß Sie sich nicht entspannen können oder Ihnen irgend etwas weh tut, sollten Sie die Meditation abbrechen und eventuell einen Meditationslehrer aufsuchen. Falls Sie gerade in psychotherapeutischer Behandlung sind, sprechen Sie mit Ihrem Therapeuten über die Meditation.

Aber solche Vorsichtsmaßnahmen gelten wirklich nur für besondere Fälle. In der Regel ist die Meditation eine angenehme, gesunde und überaus bereichernde Erfahrung, die ich Ihnen sehr empfehlen möchte.

Affirmation:
Ich bin offen für eine neue Art der Selbsterfahrung in der Meditation.

⇨ In mich hineinhorchen: eine Körperreise / Den Körper entspannen: Muskelrelaxation / Einkehr / Das Selbstvertrauen stärken: Visualisierungen

Eine Ausgabe nur für mich

Mach dir selber Freude, so viel du nur kannst.
Oder meinst du vielleicht, die Welt
würde sich veranlaßt fühlen, dir Freude zu machen?

Lebensphilosophie

Kennen Sie das? Sie waren in der Stadt mit einer langen Liste von Dingen, die Sie für die Familie besorgen mußten: ein Hemd für den Mann, eine Bluse und Briefpapier für die Tochter, Schulbücher und ein Briefmarkenalbum für den Sohn, ein Parfüm für die Nachbarin, ein Geschenk zu Omas Geburtstag, außerdem diverse Haushaltsartikel. Sie kommen wie ein Packesel beladen nach Hause, alle freuen sich, aber für Sie bleibt nur Erschöpfung.

Verwöhnen Sie sich selbst

Das sollten Sie ändern. Warum sollte nicht auch Ihnen eine kleine Aufmerksamkeit zustehen, mit der Sie sich regelmäßig eine Freude bereiten? Das muß nicht unbedingt – kann aber durchaus! – mit einer größeren Geldausgabe verbunden sein. Ich kenne viele Frauen, denen es schwerfällt, Geld für sich auszugeben. Bei den Kleidungsstücken oder anderen Mitbringseln für andere achten sie auf Qualität, sparen dafür aber an den Dingen, die sie für sich selbst besorgen.

Falls es auch Ihnen schwerfällt, Geld für sich auszugeben, gehen Sie ganz systematisch vor. Sie sind eine starke, wertvolle Persönlichkeit, ein Mensch, der für die Familie unersetzlich ist. Sie sind es wert, gepflegt und verwöhnt zu werden! Teilen Sie das Geld, das Sie ausgeben wollen, so auf, daß jedem eine bestimmte Summe zur Verfügung steht. Wenn Sie geklärt haben, wieviel Sie für sich ausgeben können, überlegen Sie sorgfältig, worüber Sie sich freuen würden. Haushaltsartikel, die der ganzen Familie zugute kommen, sind davon natürlich ausgenommen. Sie wollen sich verwöhnen, streben Sie also Luxus an: eine Kosmetikbehandlung, eine edle Körpercreme, ein antiker Spiegel für Ihr Zimmer, ein Buch, ein Schmuckstück, ein Paar sündhaft teure Schuhe (dann sind Sie halt erst beim

Sie sind es wert, verwöhnt zu werden

Gönnen Sie sich etwas Besonderes nur für sich selbst.

Affirmation:
Ich will mich verwöhnen
und freue mich sehr
über das wohlverdiente,
wertvolle Geschenk.

übernächsten Stadteinkauf wieder mit einem Geschenk an der Reihe), eine Konzertkarte, eine Handtasche, Lippenstift, ein Strauß Blumen oder vielleicht nur ein Glas Champagner in der Jugendstil-Bar am Marktplatz.

Was auch immer Sie für sich wünschen, stellen Sie diesen Wunsch nicht hintan, sonst reicht zum Schluß die Zeit nicht mehr, um ihn zu erfüllen.

⇨ Mit Schuldgefühlen umgehen / Im Gleichgewicht zwischen Egoismus und Altruismus

Wellness durch Bewegung

Regelmäßige Bewegung erfüllt verschiedene wichtige Aufgaben. Sie hält langfristig fit, baut Streß ab, setzt Wohlfühl-Hormone frei, verhindert Fettansatz und hält uns bis ins hohe Alter gesund: Die Zivilisationskrankheit Osteoporose, von der besonders Frauen betroffen sind, und ihre gefürchtete Folge, der Oberschenkelhalsbruch, können durch Sport vermieden werden.

Welche Sportart sollte man wählen, um sich wohl zu fühlen? Die Antwort auf diese Frage lautet: Wählen Sie, was Ihnen am meisten Spaß macht, denn nur mit Lust an der Bewegung und am eigenen Körper wird man sich auch langfristig körperlich betätigen. Fachleute empfehlen, sich dreimal wöchentlich 20 bis 30 Minuten zu bewegen. Das hört sich zunächst nach relativ großem Zeitaufwand an. Aber bei genauerer Betrachtung gibt es weit mehr Möglichkeiten, sich im Alltag ohne besondere Umstände auf Trab zu bringen.

Die Lust an der Bewegung

Leichte und gesunde Gesund und wenig anstrengend sind die sogenannten
Sportarten aeroben Bewegungsformen, die man ausdauernd ausüben
kann und bei denen langfristig der Fettstoffwechsel des
Körpers angeregt wird. Zu den aeroben, d.h. sauerstoff-
verbrauchenden Bewegungsformen gehören Gehen, Radfahren, Schwimmen, Walking (zügiges Gehen), Aerobic,
Modern Dance, Jazz Dance, Skilanglauf, Rudern, Treppen-
steigen, Trampolinspringen (Rebound-Training) und viele
Spielsportarten wie Kegeln, Softball, Tennis, Golf, Tisch-
tennis, Badminton und Squash.

Natürlich gibt es unterschiedliche Anstrengungsgrade.
Wenn Sie bisher nicht viel Sport getrieben haben, sollten
Sie nicht gleich Squash spielen, sondern eher gehen, «wal-
ken» oder radfahren. Und damit sind wir schon bei der
Frage nach der Häufigkeit. Ist nicht bereits unser zügiger
Gang zum Bäcker, die allabendliche Runde mit dem Hund
oder gar die Radtour am Wochenende eine Bewegung, die
uns Wellness beschert? Die Antwort lautet: Ja.

Gesunde Bewegung in den Richten Sie Ihre Aufmerksamkeit auf die Bewegungen, die
Alltag integrieren Sie im Laufe eines Tages machen können. Suchen Sie nach
Möglichkeiten, Ihren Körper einzusetzen. Statt den Fahr-
stuhl zu nehmen, gewöhnen Sie sich an, zu Fuß nach oben
zu gehen: eine wunderbare Übung, um Herz und Kreislauf gesund zu erhalten. Ersetzen Sie so viele Autofahrten
wie möglich durch das Rad. Sie werden erstaunt sein, daß
Sie, zumindest im Nahbereich, keine Minute länger unterwegs sind. Ihre Bein-, Po-, Bauch- und Rückenmuskeln
werden aktiviert und überflüssige Fettzellen in Muskeln
umgewandelt. Wenn Sie regelmäßig mit öffentlichen Ver-

Nicht anstrengend, aber gesund sind leichte Bewegungssportarten wie Radfahren oder Schwimmen.

kehrsmitteln zur Arbeit fahren, gewöhnen Sie es sich an, eine Teilstrecke zu Fuß zu gehen. Steigen Sie schon zwei Stationen früher aus. Besonders lohnend wird diese Angewohnheit, wenn Sie der Fußweg durch einen Park oder ein Waldstück führt, wo Sie morgens Energie auftanken, bevor Sie erfrischt Ihre Arbeit beginnen. Abends dient der Spaziergang der Entspannung und dem Streßabbau nach einem Tag relativer Bewegungsarmut. Zu Hause angekommen, haben Sie dann den Frust des Tages bereits hinter sich gelassen und können sich den angenehmen Beschäftigungen zuwenden, die noch auf Sie warten.

Der Wert der
Regelmäßigkeit

Durch Regelmäßigkeit erleichtern wir uns bestimmte Handlungen. Kein Mensch würde auf die Idee kommen, daß ihm die Zeit zum Zähneputzen fehlt. Auch das morgendliche Duschbad beschert uns nicht Tag für Tag neue innere Kämpfe à la «Tu' ich's, tu' ich's nicht». Verbinden wir doch einfach unsere Morgengymnastik mit einer bereits verinnerlichten regelmäßigen Tätigkeit. Zum Beispiel bietet es sich bei niedrigem Blutdruck an, vor dem Aufstehen zwei Minuten lang eine sanfte Kreislaufgymnastik und nach dem Aufstehen einige Stretchingübungen zu machen, bevor Sie duschen.

Vorsatz:
Heute werde ich 20 Minuten
zügig spazierengehen, und
mein Kopf darf sich dabei
ausruhen.

So bringe ich morgens den
Kreislauf in Schwung

Bei der Bettgymnastik machen Sie jeweils fünfmal hintereinander folgende Übungen:

- Strecken Sie die Fußspitzen so weit wie möglich vor, und ziehen Sie sie dann an in Richtung Knie.
- Strecken Sie die Arme zur Seite, und ballen Sie die Hände, dann lassen Sie sie wieder los.
- Winkeln Sie die Knie an, drücken Sie die Lendenwirbelsäule fest auf die Matratze, und spannen Sie die gesamten Bauch- und Beckenbodenmuskulatur an. Zählen Sie bis fünf, und lassen Sie wieder locker.
- Heben Sie den Kopf, und greifen Sie mit der linken Hand zum rechten Knie, dann mit der rechten Hand zum linken Knie.
- Schließlich fahren Sie mit den Beinen in der Luft Rad.

Ihr Kreislauf ist nun angekurbelt, und Sie können nach dem Aufstehen noch einige Stretchingübungen machen.

Stellen Sie sich dabei möglichst vor ein offenes Fenster, und machen Sie die folgenden Übungen jeweils fünfmal:

- Räkeln Sie langsam Ihre Wirbelsäule nach oben, indem Sie den höchsten Punkt des Hinterkopfes mit kleinen schlängelnden Bewegungen nach oben ziehen. Legen Sie die Hände hinter dem Kopf zusammen und ziehen Sie den Kopf auf die Brust, dann richten Sie sich wieder räkelnd auf.
- Führen Sie das Kinn an das Brustbein.
- Drehen Sie den Kopf aus der aufrechten Mittelstellung langsam zu beiden Seiten.
- Neigen Sie den Kopf aus der aufrechten Mittelstellung, indem Sie das Ohr langsam in Richtung Schulter ziehen.
- Machen Sie einen Schritt mit dem linken Bein nach vorn, das rechte bleibt hinten. Stützen Sie sich auf dem linken gebeugten Bein ab, drücken Sie das rechte durch. Halten

Den Tag mit ein wenig
Gymnastik beginnen

Affirmation:
Ich spüre die Lebendigkeit
meines Körpers,
wenn ich mich bewege.
Meine Muskulatur wird
gestärkt, mein Gang
federnd, meine
Ausstrahlung stärker.

Sie den Oberkörper gerade, und spannen Sie leicht den Bauch an. Anschließend Beinwechsel und Wiederholung der Übung.

Diese Stretchingübungen eignen sich besonders für Menschen, die überwiegend sitzen, und können auch im Laufe des Tages häufiger gemacht werden, um Knochen und Muskeln von einseitiger Haltung zu entlasten.

⇨ Der Speck soll weg

Der Speck soll weg

Der Schlüssel zu einer guten Figur
ist weder im verzehrenden Verzicht auf bestimmte
   Nahrungsmittel
noch in quälenden Hungerphasen zu suchen.

A. und W. Marx

Schon seit einiger Zeit fühlen Sie sich mit Ihrem Gewicht nicht mehr wohl. Sie möchten gern etwas abnehmen, mißtrauen aber – verständlicherweise – den vielfältigen Diäten. Jedes Vierteljahr scheint eine neue in Mode zu sein, doch fast alle geraten ebenso schnell wieder in Vergessenheit, wie sie aufgetaucht sind. Viele Diäten haben zudem den Nachteil, daß man die verlorenen Pfunde unweigerlich wieder zunimmt, sobald man den strengen Diätplan nicht mehr genau einhält.

Wenn Sie einerseits mit Genuß essen, andererseits aber abnehmen wollen, sollten Sie einige der folgenden Tips beherzigen, die Sie allesamt dabei unterstützen, weniger zu essen, ohne verzweifelt Kalorien zu zählen. Stressen Sie sich nicht, setzen Sie sich nicht unter Druck. Wenn Sie einmal mehr essen, ist das keine Katastrophe. Hauptsache, sie befolgen ein paar Regeln, dann stellt sich der Erfolg bald ein.

- Kaufen Sie nur Dinge ein, die auf Ihrer Einkaufsliste stehen.
- Kaufen Sie nur nach den Mahlzeiten ein.

Abnehmen durch gesunde
Ernährung statt durch Diät
und Kalorienzählen

- Kaufen Sie vollwertige Nahrungsmittel: Vollkornprodukte, biologisch angebaute Gemüse und Salate, kein
  weißes Mehl (durch den hohen Ausmahlungsgrad sind
  dem Mehl wichtige Vitalstoffe wie Vitamine, Mineral-
  salze und Enzyme entzogen), keinen raffinierten
  Zucker, sondern komplexe Kohlenhydrate, die man aus
  Hülsenfrüchten, frischem Obst und Gemüse und Vollkornprodukten bezieht. Sorgen Sie dafür, daß Sie Fette
  mit überwiegend ungesättigten Fettsäuren zu sich nehmen, also aus Fisch, Nüssen und gepreßten Pflan-
  zenölen.
- Achten Sie darauf, daß Sie genügend Ballaststoffe zu
  sich nehmen, die verdauungsanregend wirken, Schlak-
  ken und Giftstoffe aus dem Körper transportieren und

somit eine wichtige Entgiftungsfunktion haben: Gemüse, besonders Kidney-Bohnen, weiße Bohnen, Erbsen und Linsen, Salate, Vollkornprodukte sind ballaststoffreich.

- Essen Sie mehrmals täglich kleine Mahlzeiten zu festen Zeiten.
- Essen Sie nur, wenn Sie wirklich hungrig sind.
- Trinken Sie vor den Mahlzeiten ein Glas Wasser.
- Beginnen Sie Ihre Hauptmahlzeiten mit einem großen Salat, und beenden Sie sie mit Obst.
- Benutzen Sie kleine Teller.
- Kauen Sie lange.
- Legen Sie nach jedem Bissen das Besteck hin.
- Konzentrieren Sie sich auf Ihre Mahlzeit. Lesen Sie erst anschließend die Zeitung.
- Nach der Mahlzeit räumen Sie Essensreste sofort weg.
- Trinken Sie vor jedem Schluck Wein einen Schluck Wasser.
- Trinken Sie statt des abendlichen Alkohols Kräutertee.
- Putzen Sie sich sofort nach der Mahlzeit die Zähne sehr, sehr gründlich.
- Wenn Sie zwischendurch Lust haben zu essen, lenken Sie sich ab: Gehen Sie spazieren oder zu Bett, lesen Sie, machen Sie eine Entspannungsübung oder eine Meditation, bei der Sie sich vorstellen, daß Sie satt und zufrieden sind, rufen Sie jemanden an, oder besuchen Sie eine Freundin. Vielleicht nutzen Sie diese Situationen aus, um Dinge zu erledigen, die Ihnen nicht unbedingt angenehm sind, die aber gemacht werden müssen, wie bestimmte Haus- oder Gartenarbeiten.

Belohnen Sie sich

Was Sie auf keinen Fall vergessen dürfen: sich zu belohnen, wenn Sie einige der genannten Verhaltensregeln befolgt haben, anstatt der Eßversuchung zu erliegen!

Lassen Sie abends Ihren Tag Revue passieren, und freuen Sie sich über jede Situation, in der es Ihnen gelungen ist, weniger oder gesünder zu essen. Loben Sie sich. Sagen Sie sich mehrmals: «Ich habe mich heute gesund ernährt. Mein Körper wird kernig. Ich bin sehr stolz auf mich.»

Staffeln Sie Ihre Belohnungen. Nach einem erfolgreichen Tag gönnen Sie sich einen Ausflug ins Schwimmbad oder in die Sauna. Nach einer erfolgreichen Woche schenken Sie sich eine CD, die Sie sich schon lange wünschen, oder eine Konzertkarte. Einen erfolgreichen Monat krönen Sie mit einem erholsamen Wochenende auf einer Schönheits- oder Gesundheitsfarm – oder mit einem neuen Kleid in Ihrer Wunschgröße.

Affirmation:
Ich ernähre meinen
Körper gesund.
Er wird straff und stark,
und ich genieße mein gutes
Aussehen.

Schön ist es natürlich, wenn der Partner oder die Familie Sie unterstützen, indem sie Sie nicht zu außerplanmäßigem Essen verführen und sich in das Belohnungssystem einbeziehen lassen. Wenn Ihr Mann hin und wieder das Kochen übernimmt oder Sie ins Kino einlädt, weil er Ihre Standhaftigkeit und Konsequenz bewundert, tut Ihnen das doppelt gut.

⇨ Wellness durch Bewegung / Öle für Körper und Seele / Innere Reinigung durch Heilfasten

Eine starke Ausstrahlung

Ich freue mich über meine Fältchen und
betrachte sie als Verdienstabzeichen.
Ich habe hart für sie gearbeitet.

Maggie Kahn

Wie kommt es, daß manche perfekt gestylten Frauen fade
aussehen – trotz toller Figur, gepflegter Haare und sorgfäl-
tiger Schminke –, während andere Frauen überraschend
das gewisse Etwas ausstrahlen, selbst wenn sie ihre Haare
in einem silbrig ergrauten Zopf schlicht nach hinten bin-
den, ausgewaschene Jeans und Pullover tragen und unge-
schminkt sämtliche Schönheitsideale mißachten?

Der Unterschied liegt in der Selbstsicherheit und inneren Harmonie der letztgenannten Frauen, deren Schönheit
sich auch im Äußeren widerspiegelt.

Wenn Sie wissen, was Sie wert sind, ist es nicht mehr
von so großer Bedeutung, daß Ihre Frisur hundertprozen-
tig sitzt, während Sie zu einer Verabredung gehen. Das Bewußtsein Ihrer Stärke und Besonderheit strahlt von Ihnen
ab und überträgt sich auch auf die anderen. Wenn Sie innerlich ausgeglichen und zufrieden sind, brauchen Sie keinen Lippenstift, um sich wohl zu fühlen. Dann irritiert Sie
nicht Ihr Eindruck, einem gesellschaftlichen Anlaß nicht
entsprechend gekleidet zu sein, und es kann Sie auch nicht
aus der Bahn werfen, wenn Sie einen plötzlich aufblühen-
den Pickel in Ihrem Gesicht entdecken.

Die Bedeutung der äußeren Erscheinung

Das soll nicht heißen, daß ein gepflegtes Äußeres unwichtig sei, ganz im Gegenteil. Aber für viele Frauen hat das Äußere einen übertriebenen Stellenwert. Das führt schnell dazu, daß wir uns unwohl fühlen, wenn unser Äußeres nicht den üblichen Erwartungen entspricht.

Wir Frauen schminken uns häufig, wenn wir uns nicht gut fühlen und man uns das ansehen könnte. Blässe, Augenränder, Erschöpfung – all das darf bloß nicht sichtbar werden! Warum? Ich kenne auch Frauen, die dann Lust haben, sich zu schminken, wenn sie sich so richtig toll fühlen und das durch ein paar Pinselstriche unterstreichen und ihrer Umwelt gegenüber deutlich machen wollen.

Andererseits mag es etwas Tröstliches haben, wenn man Schwäche hinter Schminke verbergen kann, so daß sie nicht für jeden sichtbar ist. Jede Frau sollte sich in diesem Punkt so verhalten, wie es ihr am angenehmsten ist.

Unser Selbstbild entscheidet über unsere Wirkung

Mit unserem Selbstbild können wir weitaus stärker als durch Kleidung und Kosmetik das Bild beeinflussen, das andere sich von uns machen. Denken Sie daran, daß Ihr offenes Lächeln oder die ruhige Äußerung Ihrer Meinung einen viel tieferen Eindruck von Ihrer Persönlichkeit vermitteln können, als ein gelungener Lidstrich oder hochhackige Schuhe dies vermögen.

Vorsatz:
Heute bin ich die schönste Frau der Welt und werde meine Schönheit ausführen.

Vielleicht möchten Sie mit Ihrer persönlichen Ausstrahlung spielen und ausprobieren, wie Sie Ihre Wirkung auf andere beeinflussen und verstärken können. Dazu empfehle ich Ihnen folgende Vorgehensweise:

Entspannen Sie sich mit einer Muskelrelaxationsübung (siehe Seite 40). Nun schließen Sie die Augen und visualisieren nacheinander, von den Füßen bis zum Kopf, jeden Körperteil. Stellen Sie sich dabei vor, daß jede einzelne Zelle Ihres Körpers gesund ist und vor lauter Vitalität pulsiert. Sie sind erfüllt von Harmonie und Lebensfreude. Eine gleichmäßige goldgelbe Aura umstrahlt Sie.

Die eigene Ausstrahlung erproben

Diese innere und äußere Schönheit bleibt Ihnen erhalten, wenn Sie nun die Augen öffnen. Machen Sie einen Spaziergang, und öffnen Sie sich für alle möglichen Schwingungen. Fällt Ihnen etwas auf? Löst Ihr Auftreten bestimmte Reaktionen aus? Welcher Art sind diese Reaktionen? Worauf führen Sie diese zurück? In welcher Stimmung sind Sie, während Sie den Spaziergang machen? Was strahlen Sie aus? Wie gehen Sie? Sehen Sie anderen Menschen in die Augen? Lächeln Sie, und wird Ihr Lächeln erwidert?

Ziehen Sie am Ende dieser Erfahrung ein Fazit, und wiederholen Sie diesen Spaziergang an einem anderen Tag, möglichst wenn Sie in einer anderen Stimmung sind. Notieren Sie sich Ihre Eindrücke unmittelbar im Anschluß an Ihre jeweilige Erfahrung, so daß Sie sie besser miteinander vergleichen können.

Affirmation:
Ich bin so schön, wie ich mich fühle.

⇨ Das Selbstvertrauen stärken: Visualisierungen / Gesund und schön / Ich bin stark, gesund und glücklich – die Macht der Suggestion

Glücksmomente II

Auf das Glück darf man nicht warten,
dann kommt es nicht; man muß daran arbeiten.

Alte Lebensweisheit

Glücksmomente: Durch die
Berge wandern, fernab von
Streß und Pflichten …

Der in der Ferne hallende Pfiff des Schnellzugs, der nachts durch die Berge fährt …

Von meinen Nichten und Neffen im Sand eingegraben zu werden …

Einem aufmerksamen Zuhörer meinen Traum erzählen und sehen, daß er ihn für bemerkenswert hält …

Die Gerüche im Juni …

Bestimmte Passagen in Keith Jarretts Köln Concert *sowie in Bachs* Johannespassion …

Nach einem langen Festtagsessen Siesta halten …

Während eines ernsten Vortrags mit meiner Freundin einen völlig ungehörigen Lachanfall kriegen …

Ein langer, sinnlicher Kuß nach einem anstrengenden Tag …

Im Winter durch die abendlichen Straßen in der Stadt laufen, Blicke in fremde Wohnungen werfen und Ahnungen von dem Leben anderer erhaschen …

Die erste Nacht in blütenfrischer Bettwäsche …

Bei einer Bergwanderung wissen, daß der Gipfel nah ist …

Dampf ablassen

Ärger festzuhalten ist so, als halte man
ein glühendes Stück Kohle in der Hand,
das man eigentlich nach jemandem werfen wollte –
und ist selbst derjenige, der sich verbrennt.

Buddha

Was tun Sie eigentlich, wenn Sie eine höllische Wut im Bauch haben? Sie streiten sich mit Ihrem Partner, schreien die Kinder an? Oder tun Sie nichts, fressen Ihre Empörung in sich hinein und liegen nächtelang wach, vielleicht mit Magenschmerzen?

Beide Varianten sind nicht besonders befriedigend. Am besten ist es natürlich, wenn man den Zorn über eine erlebte Ungerechtigkeit oder Demütigung sofort «äußern», also nach außen richten kann. Aber das ist leider nicht immer möglich. Spontane Reaktionen auf eine Gemeinheit können manchmal zu unserem Nachteil sein. Unterdrückte Gefühle führen meist zu Krankheiten, und das ist der Ärger nicht wert. Allerdings kann man sich erst dann mit einem klaren Kopf der wutauslösenden Situation nähern, wenn man seine Wut losgeworden ist. Was aber machen wir mit dem Frust, den wir im Bauch mit uns herumtragen?

Suchen Sie nach Ersatzhandlungen, mit denen Sie Ihre Wut aus dem Körper herausholen. Körperliche Bewegung

Den Frust loswerden

Lassen Sie ab und zu einmal
Dampf ab.

unterstützt den Streßabbau. Geradezu klassisch ist die Prügel, die Kopfkissen beziehen – eine sehr wirkungsvolle Methode: Stellen Sie sich einfach vor, Ihr Kopfkissen sei das Objekt Ihres Zorns, und lassen Sie Dampf ab. Sie können mit ihm sprechen, all Ihre Empörung und Gedanken ausdrücken, es anschreien oder eben mit gezielten Schlägen Ihrer Meinung Nachdruck verleihen. So entlasten Sie sich, ohne irgend jemandem weh zu tun.

Sich von altem Zorn befreien   Wenn sich in Ihnen ein sehr großer Druck angestaut hat, weil Sie über viele Jahre, vielleicht seit Ihrer Kindheit schon, gekränkt worden sind, gehen Sie ins Freie. Suchen Sie sich einen Ort, wo Sie vollkommen ungestört sein können, z.B. einen Wald im Regen. Atmen Sie tief ein und aus. Konzentrieren Sie sich auf die Wut in Ihrem Bauch. Stellen Sie sich vor, wie sie zu einer festen, harten, dunklen Kugel zusammengeballt ist. Sie wollen Ihren Körper von dieser Kugel befreien. Atmen Sie tief ein. Ihr Atem berührt die Kugel, lockert sie und löst ein Stück aus ihr heraus. Nun atmen Sie heftig aus, das herausgelöste Kugelstück verschwindet mit dem Atem ins Freie. Atmen Sie so, bis Sie die gesamte Kugel aufgelöst und aus Ihrem Körper hinausgeschleudert haben. Sie können beim Ausatmen laut stöhnen oder «Weg!» rufen. Die schlechten Gefühle, die sich in Ihnen angesammelt haben, werden Sie jetzt los. Sie spüren zunehmend, wie es in Ihrem Magen leichter wird, auch wenn dieser Prozeß psychisch sehr anstrengend sein kann. Übrigens sollten Sie hierbei nicht in Ihrer Wohnung sein, sonst würden die ausgeatmeten unguten Schwingungen Sie weiterhin umgeben. Im Wald bei Regenwetter aber lösen sie sich auf und werden fortgespült. Sie fühlen sich erleichtert und können mit neuer Sicherheit Ihre Probleme lösen.

Manchmal hat man eine ganz unbestimmte Wut in sich. Sie rumort und arbeitet, und man weiß nicht so genau, wer oder was für diese Stimmung verantwortlich ist. Damit sie sich nicht gegen uns selbst richtet, sollten wir vorher Dampf ablassen. Haben Sie schon einmal Rumpelstilzchen gespielt? Stampfen Sie mit dem Fuß auf, und sagen Sie dabei: «Ich bin wütend!», so lange, bis Sie müde werden und merken, daß Ihre Wut allmählich verraucht oder sich noch vergrößert und Sie plötzlich die Ursache erkennen.

Worauf bin ich wütend?

Nur die unterdrückte Wut
ist ein Dämon

Vielleicht widerstrebt Ihnen das hier beschriebene heftige körperliche Ausagieren von zornigen Gefühlen. Sie können diese auch aufschreiben oder vor sich hin sprechen. Schreiben oder sagen Sie mehrmals: «Ich bin sehr wütend.» Erstellen Sie eine Liste der Dinge, die Ihren Zorn erregt oder erregt hat. Zum Beispiel notieren Sie: «Ich bin sehr wütend, weil x mich vor allen bloßgestellt hat.» – «Ich bin sehr wütend, weil mein Kind von seinem Lehrer ungerecht behandelt wird.» – «Ich bin sehr wütend, weil ich mir die teure Bluse habe aufschwatzen lassen.» Erst wenn Sie sich Ihre Wut bewußt gemacht und sie genügend zum Ausdruck gebracht haben, sind Sie in der Lage, sich Schritte zu überlegen, wie Sie die Ursache Ihrer Wut beseitigen können.

Wut gehört zu unserem Leben genauso dazu wie alle anderen Gefühle. Und doch wurden wir mehr oder weniger erfolgreich erzogen, sie nicht zu zeigen. Unterdrückte Wut verursacht langfristig Depressionen, sie richtet sich gegen einen selber.

Affirmation:
Meine Wut gehört zu mir.
Sie ist Ausdruck meines
Gerechtigkeitsempfindens,
und ich lebe sie aus.

Lassen Sie Ihre Wut zu, lassen Sie sie heraus. Sie haben ein Recht dazu. Fürchten Sie sich nicht vor Ihrer Wut. Je offener Sie sich auch Ihren negativen Gefühlen stellen, desto souveräner lernen Sie mit ihnen umzugehen. Ausgeglichenheit und Selbstvertrauen sind die Folge davon.

⇨ Nein sagen

Nein sagen

Ein Nein zur rechten Zeit erspart viel Widerwärtigkeit.
Sprichwort

Nein zu sagen fällt vielen Frauen schwer. Untersuchungen zu Erziehungsstilen zeigen, daß Eltern toleranter mit dem Widerstand von Söhnen umgehen als mit dem von Töchtern. Folglich haben Frauen aufgrund ihrer Erziehungsgeschichte gelernt, daß ihr Widerspruch mit Druck und Liebesentzug beantwortet wird. Nein zu sagen ist für sie meistens schwerer als für Männer.

Was bedeutet es aber, wenn man nicht in der Lage ist, einem anderen etwas abzuschlagen? Auf Dauer führt dieses Verhalten zu einer Selbstverleugnung, die wir mit dem Verlust unseres Selbstwertgefühls bezahlen. Wenn wir es unterlassen, anderen durch ein deutliches Nein unsere Grenzen aufzuzeigen, müssen wir uns nicht wundern, wenn diese ständig überschritten werden. Mit einem Nein fordern wir die Achtung unserer Würde und Integrität ein.

Fehlt uns aber diese Erfahrung, so reagieren wir vorsichtig auf die Forderungen anderer und sagen schnell ja, wenn wir eigentlich nein meinen. Daß dies niemandem guttut, am wenigsten uns selbst, sagt uns schon unser Körper. Vielleicht kennen Sie die Situation, in der jemand Sie um einen Gefallen bittet und Sie entgegen inneren Vorbehalten zusagen. Reagiert nicht Ihr Körper mit Signalen wie Herzklopfen, Mundtrockenheit, einem flauen Gefühl in der Magengegend? Sie sollten mehr auf diese Signale hören und Ihrem Körper vertrauen.

Nein sagen kann man lernen

Nein sagen kann man lernen. Üben Sie es. Fangen Sie mit Situationen an, in denen Ihnen eine Ablehnung leichter fällt. Wenn Sie auf der Straße von einem Handelsvertreter oder von Leuten angesprochen werden, die eine Umfrage machen und Sie um Ihre Meinung bitten, wehren Sie diese nicht mit der Entschuldigung ab, Sie hätten keine Zeit, sondern sagen Sie klar, daß Sie das nicht wünschen oder daß Sie keine Lust dazu haben.

Vorsatz:
Ich werde heute dreimal
ein Ansinnen an mich
abschlagen.

Suchen Sie Situationen, in denen Sie anderen deutlich machen können, daß Sie anderer Meinung sind. Wenn Ihnen eine Verkäuferin einzureden versucht, daß Ihnen ein Kleid gut steht, widersprechen Sie ihr. Erklären Sie ihr, was Sie gern hätten, und verabschieden Sie sich freundlich, ohne etwas zu kaufen, auch wenn sie sich bemüht hat. Das ist schließlich ihr Beruf.

Vielleicht haben Sie einen Bekannten, der sich gern in Szene setzt und dummes Zeug redet, wobei Sie bisher immer höflich zugehört haben. Widersprechen Sie ihm einmal. Sagen Sie, daß Sie seine Argumentation nicht überzeugend finden. Halten Sie Ihre Meinung dagegen.

Schwieriger wird das Neinsagen, wenn Sie aus festen Gewohnheiten ausbrechen. Das jahrelange Besuchsritual bei Ihren Schwiegereltern zu durchbrechen, über das Sie sich schon so oft geärgert haben, mag anfangs geradezu als Skandal aufgefaßt werden. Stehen Sie es trotzdem durch. Versuchen Sie zu erklären, daß Sie manchmal lieber etwas anderes tun. Wer weiß, vielleicht geht es den Schwiegereltern ja genauso. Und wenn nicht, ist es trotzdem wichtig, daß Sie sich durchsetzen.

Je häufiger Sie durch Worte und Gesten Ihre wahren Gedanken kundtun, anderen widersprechen und deren Wünsche ablehnen, wenn Sie diese nicht erfüllen wollen, desto mehr sind Sie sich selbst treu. Sie müssen dabei ja nicht aggressiv sein, im Gegenteil: Seien Sie freundlich! Fürchten Sie sich nicht so sehr vor dem, was andere von Ihnen denken könnten, viel wichtiger ist, daß Sie mit sich selbst im reinen sind. Und haben Sie keine Angst, für eine Xanthippe gehalten zu werden. Die Erfahrung wird Ihnen zeigen, daß man Ihnen eher mehr als weniger Respekt entgegenbringt.

Nein sagen und freundlich sein ist kein Widerspruch

Affirmation:
Ich sage freundlich nein, wenn ich so empfinde, und bin stolz darauf, daß ich mir selbst treu bin.

⇨ Wer bin ich? / Im Gleichgewicht zwischen Egoismus und Altruismus / In mich hineinhorchen / Das Selbstvertrauen stärken: Visualisierungen

Geben und Nehmen

Liebe heilt die Menschen –
diejenigen, die sie empfangen,
ebenso wie diejenigen, die Liebe geben.

Meine Großmutter

Zunehmend stelle ich fest, wie stark ich von der Haltung meiner Großmutter geprägt bin, die mir vermittelte, daß sich im Leben alles die Waage hält: hell und dunkel, Freude und Leid, Gesundheit und Krankheit, Tag und Nacht, Sommer und Winter. In meinen rebellischen Jahren begehrte ich gegen diese Denkweise auf und tat sie als ziemlichen Unsinn ab, da soziale Ungerechtigkeit doch so offensichtlich die Welt bestimmt. Wann etwa würde das Leiden der Hungernden und Ausgebeuteten in der Dritten und Vierten Welt durch Glück und Trost ausgeglichen? Und gab es nicht genug Privilegierte, die ihr Leben lang zufrieden in Gesundheit und Luxus verbrachten, ohne dafür groß «zahlen» zu müssen? Oder sollte man gerade den Reichtum der einen als Gegengewicht zur Armut der anderen betrachten? Innerhalb eines Lebens jedenfalls vermochte ich die Balance nicht unbedingt zu erkennen.

Aber je älter ich werde, desto stärker fühle ich den großmütterlichen Einfluß in meinem Denken. Nicht nur durch ihre Worte, sondern mehr noch durch ihr Handeln vermittelte sie mir die Überzeugung, daß man für seine

Taten zur Rechenschaft gezogen wird. Dabei könnte ich nicht einmal sagen, ob diese Überzeugung in mir nun christlichem Denken entspringt oder etwas anderem. Geben und Nehmen gehören für mich zusammen. Meine Großmutter war ein zutiefst moralischer Mensch. Nie wäre ihr in den Sinn gekommen, bewußt jemanden zu kränken, zu übervorteilen oder zu hintergehen.

Ich glaube, wenn wir uns alle von der Vorstellung leiten ließen, daß das, was wir geben, zu uns zurückkehrt, wäre das soziale Miteinander in unserer Gesellschaft sehr schön. Stellen Sie sich einmal vor, jeder handelte nach dem altbacken klingenden Grundsatz: «Was du nicht willst, daß man dir tu', das füg auch keinem andern zu.»

Aber auch im kleinen scheint mir zunehmend dieser Grundsatz lebenswert zu sein. Man kann sein Handeln ganz unkompliziert nach dieser einfachen Regel einrichten: Gebe ich Liebe, werde ich zurückgeliebt. Die Stärke und das Vertrauen, die ich meinen Kindern vermittle, kommen zu mir zurück. Die Achtung, die ich anderen entgegenbringe, empfinde ich auch von ihrer Seite. Sogar im finanziellen Bereich mache ich die Erfahrung, daß eine zunächst leichtfertig oder zu großzügig wirkende Ausgabe sich schließlich «auszahlt».

Am deutlichsten spürbar ist dieses Prinzip für Eltern, die ihre Kinder erziehen. Deren Verhalten spiegelt das elterliche wider. Manchmal können wir diesen Zusammenhang bereits nach kürzester Zeit bemerken. Wenn ich nervös bin, dauert es nur ein, zwei Tage, bis meine Kinder ebenfalls unruhig und quengelig reagieren. Bin ich hinge-

Ich bekomme das zurück, was ich gebe

gen ausgeglichen und geduldig, habe ich auch zufriedene und kreative Kinder.

Affirmation:
Wenn ich gebe,
bekomme ich auch.

Und noch ein weiteres (ganz egoistisches) Argument spricht für das großmütterliche Lebensprinzip: Es lebt sich leichter mit einem unbeschwerten Gewissen.

⇨ Im Gleichgewicht zwischen Egoismus und Altruismus

Innere Reinigung durch Heilfasten

Das Heilfasten ist eine wunderbare Möglichkeit, den Körper zu entschlacken und die Seele für neue und tiefe Selbsterfahrungen zu öffnen. Mit Heilfasten ist nicht eine Art Nulldiät gemeint, die der Gewichtsreduktion dient. Zwar nimmt man beim Heilfasten auch ab, aber das ist nicht sein eigentlicher Zweck.

Beim Fasten stellt der Körper seine Energieproduktion um. Statt aus den eingenommenen Nahrungsmitteln bezieht er seine Energie aus den körpereigenen Fettreserven. Darm, Haut und Schleimhäute werden in dieser Zeit angeregt, Giftstoffe auszuscheiden. Der Körper wird entgiftet, entschlackt, entsalzt und entwässert; die Gelenke, der Kreislauf und das Herz werden entlastet; Blutfettwerte gesenkt. Der Reinigungsprozeß ist deutlich beobachtbar. Während einer Fastenkur riecht man anders (und nicht besser!) als sonst. Häufiges Duschen und Zähneputzen sind nötig.

Körperentgiftung

Psychische Klärung   Dieser Reinigungsprozeß ist nicht nur auf den physischen Bereich beschränkt. Auch psychisch wird in der Fastenzeit einiges in Gang gesetzt. Der Fastende tritt in Kontakt zu den eigenen Gefühlen, zu verborgenen Empfindungen, zu seiner seelisch-geistigen Mitte.

Wie im physischen Bereich kann auch die Psyche zunächst Gift und Schmutz zutage fördern: Alpträume, Phantasien von Krieg, Zerstörung und Verzweiflung können auftreten.

Aber schon nach kurzer Zeit begegnet man beim Fasten vielen anderen, reichen Schichten seines Ichs. Man ist besonders offen für meditative Erfahrungen. Bereits der Anblick einer Blume, in den man sich versenkt, kann tiefe Einsichten in die inneren Vorgänge vermitteln.

Das Heilfasten ist eine Ich-Erfahrung, die ich Ihnen sehr empfehlen möchte. Wenn Sie gesund sind, spricht nichts dagegen, daß Sie fünf Tage allein auch ohne ärztliche Aufsicht fasten. Manche Menschen fasten regelmäßig bis zu drei Wochen.

Anleitung: Während des Fastens ißt man nicht. Jedoch nimmt man
Wie fastet man?   Flüssigkeiten zu sich: Tee, Obst- oder Gemüsesäfte, Gemüsebrühe und viel Wasser. Allen Ausscheidungen kommt eine große Bedeutung zu, der Darm muß regelmäßig entleert, die Nieren müssen durchspült, Haut und Schleimhäute besonders gepflegt werden. Man löst sich aus allen alltäglichen Bindungen und wendet sich der Begegnung mit sich selbst zu.

Man überläßt sich den Impulsen und Wünschen des Körpers, d.h. man ruht sich aus, wenn man sich müde fühlt, oder treibt Sport, wenn man das Bedürfnis nach Bewegung hat. In dieser Zeit sollte man all das tun, wonach einem zumute ist.

Am einfachsten ist es, in einer Gruppe zu fasten, möglichst an einem Ort, wo Sie völlige Ruhe haben und sich nur auf sich selbst konzentrieren können. Manche Fastenseminare werden z.B. in einem Kloster angeboten, ein idealer Ort für diese Selbsterfahrung. Schön sind auch sogenannte Fasten-Wanderwochen, wo man mit mehreren gemeinsam wandert und fastet.

Fasten in einer Gruppe

Falls Sie zu Hause fasten, sollten Sie sich soweit wie möglich aus der Alltagsroutine ausklinken. Besorgen Sie sich vorher alles Nötige[7], insbesondere Glaubersalz oder einen Einlaufschlauch. Denn der Fastenprozeß setzt mit der gründlichen Darmentleerung ein, die dem Körper signalisiert, daß er seine Energieproduktion umstellt. Dank dieser Umstellung entfällt auch das Hungergefühl während des Fastens.

Trinken Sie viel und regelmäßig, und lutschen Sie immer wieder einen Zitronenschnitz aus. Sorgen Sie für Ruhe, und lassen Sie sich in der Zeit Ihres Fastens durch nichts stören.

Übrigens ist das Fasten nicht nur eine gesunde Methode der Gewichtsabnahme und inneren Reinigung, sondern erleichtert wesentlich eine gewünschte Umstellung der Eß- und Lebensgewohnheiten. Nach einer Fastenkur kann man leichter dauerhaft auf Nikotin und Alkohol verzichten (unbedingtes Muß während des Fastens!); auch fällt die Umstellung auf eine gesündere Vollwerternährung

7 Weiterführende Informationen zum Fasten siehe in einschlägiger Literatur, z. B. in Hellmut Lützner u.a.: *Fasten. Das Komplettprogramm für eine gute Figur, mehr Vitalität und Lebensfreude.* München 1996.

Vorsatz:
Ich informiere mich
über das Heilfasten,
plane eine Fastenwoche
in meinem Jahreskalender
ein und bereite mich
gründlich darauf vor.

und gemäßigtes Essen leichter. Haut und Bindegewebe werden straffer, ernährungsbedingte Stoffwechselstörungen behoben, und der biologische Alterungsprozeß wird verlangsamt.

⇨ Welche Meditationsform ist für mich die richtige?

Ich bin stark, gesund und glücklich – die Macht der Suggestion

> Es gibt keinen besseren Boten, als man selber ist.
>
> *Französisches Sprichwort*

Warum fühlt sich der eine unwohl, wenn er den Geruch von Zwiebeln oder gebratenem Hähnchen wahrnimmt, der andere beim Anblick eines Hundes, Dritte wiederum angesichts eines engen Raums? Viele dieser Gefühle erscheinen uns unerklärlich, und doch tauchen sie regelmäßig auf. Sie gehören zu uns, weil sie Teil unserer Geschichte sind. Frühkindliche Erlebnisse sind in unserem Unterbewußtsein verankert, die wir bewußt gar nicht mehr erinnern. Der Geruch von Zwiebeln oder gebratenem Hähnchen löst die unterbewußte Erinnerung an eine unangenehme Situation aus. Vielleicht mußten wir als Kind immer den Onkel, der so furchtbar nach Zwiebeln stank, mit einem Kuß begrüßen. Vielleicht wurden wir gezwungen, den Teller mit dem Hähnchenfleisch leer zu essen, obwohl uns ein Streit auf den Magen geschlagen war.

Häufig können wir die Begebenheiten, die ursächlich mit unseren Aversionen zusammenhängen, nicht mehr rekonstruieren. Aber wir sind diesem Assoziationsmechanismus nicht hilflos ausgeliefert. Umgekehrt nämlich funk-

Biografische Gründe für Vorlieben und Abneigung

tioniert die Programmierung des Unterbewußten – diesmal mit positiven Inhalten – genauso. Und das können wir steuern.

Programmieren wir unser
Unterbewußtsein positiv

Der Glaube versetzt Berge. Die Macht des Geistes, der Vorstellung, der inneren Überzeugung prägt die Wirklichkeit: Ein Fakir läuft über glühend heiße Kohlen, ohne sich zu verbrennen. Wir brechen in Schweiß aus nur bei der Vorstellung zu versagen. Für körperliche Reaktionen braucht man nicht unbedingt physische Ursachen wie heiße Kohlen oder ein überhitztes Zimmer. Unsere Phantasie, unsere Überzeugung reichen aus, um bestimmte körperliche Reaktionen hervorzurufen.

Nutzen wir diesen Effekt, um uns kraft unseres Denkens und Fühlens zu stärken. Positive Visualisierungen und Affirmationen, die wir über einen bestimmten Zeitraum wiederholen, senken sich in unser Unterbewußtsein. Wenn ich mir lange genug vorstelle, ich sei attraktiv, so werde ich es. Im Laufe der Zeit strahle ich etwas aus, das andere Menschen anzieht. Wenn ich mich selbst annehme und liebe, werden auch meine Mitmenschen mich annehmen und lieben. Habe ich ein starkes Selbstvertrauen, so vertrauen mir auch andere.

Gewöhnen Sie sich an, sich täglich so zu visualisieren, wie Sie es brauchen. Ihr Selbstbild wird sich allmählich verändern und damit Ihr Verhalten und das Ihrer Umwelt.

Anleitung:
Das Selbstbild verändern

In einer ruhigen ungestörten Atmosphäre, am besten abends vor dem Einschlafen, meditieren Sie täglich. Entspannen Sie sich mittels der Muskelrelaxation (siehe Seite 40), verlangsamen Sie Ihre Hirnströme, indem Sie sich vorstellen, wie Ihr Körper von den Füßen bis zum Kopf müde und schwer wird. Nun beginnen Sie mit der Visualisierung. In diesem Zustand ist das Unterbewußtsein leicht zu erreichen, und regelmäßig erlebte Bilder und Affirmationen werden so am ehesten darin gespeichert.

Wenn Ihr Problem beispielsweise darin besteht, daß Sie sich unsicher fühlen und Ihre Selbstsicherheit stärken möchten, beschwören Sie vor Ihrem geistigen Auge eine Szene herauf, in der Sie so sind und sich so verhalten, wie Sie es sich wünschen. Sie sehen sich z. B. in einer Situation, in der es eine schwierige Aufgabe zu organisieren gilt. Ihre Kollegen, Freunde oder Familienmitglieder bemühen sich, können aber zu keinem Ergebnis kommen. Sie konzentrieren sich auf die Aufgabe, allmählich werden Ihnen Lösungswege und Strategien klar, und schließlich lösen Sie mit Ruhe und Festigkeit das Problem, das zuerst unlösbar erschienen war. Sie erhalten allseitige Anerkennung und sind stolz auf sich.

Stärkung der Selbstsicherheit

Am Ende dieser visualisierten Szene unterstützen Sie sich mit der Affirmation: «Ich bin stark und kann auch die schwierigsten Probleme meistern.» Sprechen Sie sich diesen Satz 30mal oder noch öfter vor. Spüren Sie Ihre Stärke und Sicherheit.

Die sehr wirkungsvollen Affirmationen formulieren Sie entsprechend Ihrem Bedürfnis. Sie können folgendermaßen lauten:

Affirmationen für
unterschiedliche Bedürfnisse

- Bei Angstgefühlen: «Ich fürchte mich nicht, denn xy kann mir nicht gefährlich werden.»
- Bei Unzufriedenheit: «Ich bin dankbar für die Dinge, die meinem Leben Ruhe und Zufriedenheit geben.»
- Bei Selbstzweifeln: «Ich kenne meine Stärken und Schwächen und weiß, daß ich mir vertrauen kann.»
- Bei Trauer: «Ich bin sehr traurig. Mit meinen Tränen spüle ich den Schmerz langsam hinweg.»
- Bei Unausgeglichenheit: «Ich finde Ruhe in meinem Innern. Hier herrschen Friede und Harmonie.»
- Bei bevorstehenden Veränderungen: «Ich begrüße die Veränderungen in meinem Leben, die mich mit neuen tiefen Erfahrungen bereichern.»
- Bei Mutlosigkeit: «Ich bin ich. Ich kann mir in jeder Lebenslage vertrauen.»
- Bei blockierter Kreativität: «Ich setze meine Kreativität frei. Meine Phantasie ist grenzenlos. Sie verwirklicht sich in vielen schöpferischen Handlungen.»
- Wenn Sie nicht mehr weiterwissen: «Tief im Innern gewinne ich Klarheit über meine Wünsche und Ziele.»
- Bei Hoffnungslosigkeit: «Das Leben geht weiter und bahnt sich immer einen guten Weg.»
- Bei Beziehungsproblemen: «Ich suche die Nähe zu meinem Partner und bemühe mich um ein tiefes Verständnis und beglückenden Austausch.»
- Bei einer nötigen Neudefinition des Ichs: «Ich bin jetzt bereit, die alten Rollen fallenzulassen und mich der Führung meines wahren Selbst anzuvertrauen.»
- Bei einer erlebten Enttäuschung: «Meine Enttäuschung erfüllt mich mit Trauer. Ich verändere meine Erwartungen und verabschiede mich von der Enttäuschung.»

- Bei innerer Unruhe und Nervosität: «Ich spüre, wie Ruhe und Entspannung in mich einkehren.»
- Bei mangelnder Durchsetzungskraft: «Ich stehe zu meiner Meinung und äußere sie klar und deutlich.»
- Bei passivem Verhalten: «Ich überwinde meine Trägheit und setze mich ein für meine Wünsche und für andere. Mein aktives Verhalten führt zu positiver Veränderung und erfüllt mich mit Stolz.»

Affirmationen werden stets positiv formuliert, also nicht: «Ich bin nicht schwach», sondern: «Ich bin stark!»

Mit Visualisierungen Schmerzen bekämpfen

Übrigens läßt sich diese Technik auch auf körperliche Probleme anwenden. Wenn Sie regelmäßig unter bestimmten Schmerzen leiden, visualisieren Sie, wie Ihr Nervensystem körpereigene Schmerzmittel, Morphine, produziert. Geben Sie Ihrer Hypophyse den Auftrag zu vermehrter Ausschüttung. Stellen Sie sich dann vor, wie die Morphine über die Nervenleitungen zu solchen Nerven fließen, die für die Weiterleitung von Schmerzen zuständig sind. Die Morphine blockieren diese Nervenzellen, bis Sie spüren, wie der Schmerz nachläßt. Sie brauchen keine Schmerztabletten, Ihr eigener Körper hat für Schmerzfreiheit gesorgt. Sie können sehr stolz auf Ihre Leistung sein. Glauben Sie fest an die Macht Ihrer Gedanken, und Sie werden immer häufiger die Kontrolle über Schmerzen übernehmen.

Affirmation:
Die Kraft meiner Gedanken ist grenzenlos.

⇨ Das Selbstvertrauen stärken: Visualisierungen / Optimisten leben glücklicher

Lust auf Streicheleinheiten

Psychologen raten uns, unseren Kindern so viele Streicheleinheiten wie möglich zukommen zu lassen, damit sie sich
gut entwickeln. Je mehr Körperkontakt wir zu ihnen halten, sie berühren und streicheln, desto gesünder werden
sie seelisch und körperlich. Sogar die Intelligenzentwick-
lung eines Menschen scheint von der Häufigkeit und In-
tensität körperlicher Kontakte abzuhängen.

Warum sollten sie nicht auch uns Erwachsenen zugute
kommen, und warum sollten wir freiwillig auf etwas so
Lustvolles wie Berührungen und Streicheln verzichten?

Erfüllen Sie sich regelmäßig Ihr Bedürfnis nach Hautkontakt. Regelmäßige Streicheleinheiten sorgen dafür, daß
Sie ausgeglichen und zufrieden bleiben.

Die allwöchentliche Massage bewirkt wahre Wunder
für das Wohlbefinden. Ob Sie sich mit Ihrem Partner mit
gegenseitigen Massagen abwechseln, sich von einem Kör-
pertherapeuten behandeln lassen (z.B. Reiki, Shiatsu), mit
Ihrer Freundin einen Massagekurs besuchen oder sich
selbst massieren, in jedem Fall sind die Berührungen lustvoll und harmonisierend.

Durch den Hautkontakt wird das Hormon Oxytocin ausgeschüttet. Nach neuesten Erkenntnissen unterstützt dieses Hormon nicht nur den Geburtsvorgang, sondern
macht sinnlich und löst Glücksgefühle aus, die denen Ver-
liebter ähneln. Eine ausgeglichene und zärtliche Ausstrahlung geht von Menschen mit einer erhöhten Oxytocinpro-
duktion aus.

Warum Berührung
froh macht

Bei der Partnermassage legen Sie fest, wer wann dran ist.
Wenn Sie wissen, daß Sie bei der Massage die Nehmende
sind, können Sie sich in einer wohligen Atmosphäre vollkommen entspannt fallen- und verwöhnen lassen.

Partnermassage:
Wie wird massiert?

Beginnen Sie die Partnermassage mit dem Hals- und
Nackenbereich. Dieser wird sanft von oben nach unten
und seitlich zu den Armen hin ausgestrichen. Kleine kreisende Bewegungen fördern die Durchblutung und sorgen
so für eine Lockerung der oft angespannten Muskulatur.
Dann wandern Sie die Wirbelsäule entlang nach unten in
Richtung Po, ebenfalls mit kreisende Daumenbewegung
und entspannendem Ausstreichen mit der ganzen Hand.
Meiden Sie aber die Wirbelsäule selbst, ebenso wie alle anderen Knochen. Bohren Sie nicht in knochige oder sehnige
Bereiche, und hören Sie sofort auf, wenn die Massage
schmerzt. Für den Hautkontakt reichen schon ganz sanfte
Streichelbewegungen. Richten Sie sich nach Ihren persönlichen Vorlieben. Manche mögen es sanft, andere wieder
mit leichtem Druck.

Nach Rücken- und Po-Behandlung wenden Sie sich
den Extremitäten zu. Dann dreht sich der Liegende auf
den Rücken und läßt sich Bauch und Brust massieren.

Zum Schluß streichelt der Massierende Gesicht und Kopfhaut.

Sinnliche Düfte verstärken　　Unterstützen Sie die wohltuende Wirkung der Massage
die wohltuende Massage　　durch sinnliche Düfte, indem Sie gewisse ätherische Öle
dem Körperöl zusetzen oder in eine Aromalampe geben.
Als Körperöl eignet sich gut ein naturreines kaltgepreßtes
Pflanzenöl wie Mandel-, Nuß- oder Jojobaöl, das Sie am

Massage tut Körper und
Seele gleichermaßen gut.

besten leicht anwärmen. Sinnlich anregende Düfte verströmen beispielsweise die ätherischen Öle von Jasmin, Rose, Eisenkraut, Bergamotte, Moschuskörnern, Patchouli, Sandelholz, Tuberose, Ylang Ylang und Zimt.

Kerzenlicht und leise Musik vertiefen die wohlige entspannende Atmosphäre.

Aber auch wenn Ihnen kein Partner zur regelmäßigen Massage zur Verfügung steht, brauchen Sie auf den körperlichen Kontakt noch lange nicht zu verzichten. Auch ohne eine sexuell-erotische Komponente kann die Massage Schauer des Wohlbefindens auslösen. Sie können sich mit einer Freundin zu einem Massagekurs anmelden oder sich regelmäßig zu gegenseitiger Massage verabreden. Vielleicht verbinden Sie diesen Termin mit einem gemeinsamen Abendessen oder einem Saunabesuch. Sie sollten an der Begegnung Freude und das Gefühl haben, etwas für Sie beide Wichtiges zu erleben.

Und falls Sie zur Zeit niemanden wissen, mit dem Sie das Massageerlebnis teilen wollen, massieren Sie sich eben selbst. Fangen Sie mit den Füßen an, die Sie besonders ausgiebig und liebevoll massieren. An den Füßen laufen die Verbindungen zu allen wichtigen Körpersystemen zusammen, die mit der Stimulierung der zugehörigen Druckpunkte gleichzeitig angeregt werden. Wandern Sie anschließend mit langsamen Kreisbewegungen an den Beinen hinauf. Streichen Sie immer wieder mit der flachen Hand und sanftem Druck von unten nach oben über die Haut. Sie stimulieren damit gleichzeitig die Lymphe.

Nach den Füßen massieren Sie die Hände und Arme.

Anleitung:
Die Selbstmassage

Die Handflächen sind sehr empfindlich und reagieren sensibel auf die sanftesten Berührungen. Wechseln Sie ab zwischen festerem Händereiben und zartem Streicheln.

Angenehm ist auch eine Bauchmassage, die zugleich verdauungsfördernd wirkt. Reiben Sie im Liegen mit der flachen Hand im Uhrzeigersinn über die Bauchdecke.

Sehr sinnlich ist eine Brustmassage, bei der Sie abwechselnd sanft und mit leichtem Druck um Ihre Brüste herumstreichen, als ob Sie eine Acht nachziehen. Diese Massage wirkt sich zudem straffend auf das Gewebe aus.

Eine Gesichtsmassage ist die abschließende – und auch zwischendurch immer wieder einfach durchzuführende – Selbstmassage, mit der Sie Ihre angespannten oder verkniffenen Gesichtszüge glätten. Wandern Sie vom Kinn aufwärts über die Wangen und Schläfen zur Stirn, indem Sie mit den Fingerspitzen kleine Kreise beschreiben.

Regelmäßige Massagen machen Sie zu einem zufriedenen Menschen, aufgeschlossen für die eigenen Bedürfnisse und befähigt zu intensiver Zweisamkeit und funktionierenden sozialen Bindungen.

⇨ Öle für Körper und Seele / Natürliche Aphrodisiaka

Affirmation:
In der Berührung empfinde
ich die starke innige
Beziehung
zu meinem Partner.
Ich überlasse mich
voller Lust den
Streichelbewegungen.

Öle für Körper und Seele

Nichts führt zum Guten, was nicht natürlich ist.

Friedrich von Schiller

Seitdem wir uns auf natürliche Heilmittel besonnen haben, sind auch die pflanzlichen Öle in den Mittelpunkt unseres Interesses gerückt. Nicht nur ätherische Öle, die bereits in der Antike breite Anwendung in Heilkunst und Kosmetik fanden, erleben heutzutage eine Renaissance, auch die kaltgepreßten pflanzlichen Öle sind in den letzten Jahren systematisch und wissenschaftlich auf ihre medizinischen und pflegenden Wirkungen untersucht worden, z.T. mit ganz außerordentlichen Ergebnissen.

Die gesundheitserhaltende, ja teilweise lebensverlängernde Wirkung pflanzlicher Öle wie des Olivenöls beruht auf ihrem hohen Gehalt an essentiellen, mehrfach oder einfach ungesättigten Fettsäuren.

Äußerlich angewandt unterstützen pflanzliche Öle Hautreinigungs- und Heilungsprozesse, wirken Entzündungen und Verunreinigungen entgegen und beschleunigen die Regeneration der Hautzellen und die Wundheilung. Innerlich eingenommen wirken sie sich regulierend und stabilisierend auf das hormonelle Zusammenspiel aus. Zu

Stärkung und Verjüngung der Zellen

ihren Inhaltsstoffen zählen Lecithine, Chlorophyll, Cholesterin, viele Mineralstoffe und Vitamine, die für eine leichte Fettverdaulichkeit, Herz-, Kreislauf- und Nervenstärkung und für geistige Frische sorgen. Immunsystem, Gewebewachstum, Haut und Knochen werden gestärkt.

Die verschiedenen Pflanzenöle haben unterschiedliche Wirkweisen und sind nicht alle gleichermaßen innerlich anwendbar.[8]

Qualitätsmerkmale   Achten Sie beim Kauf eines Pflanzenöls auf Qualität. Es sollte durch die erste kalte Pressung der Früchte oder Samen gewonnen worden sein und als «nativ extra», «extra vierge» oder «extra vergine» ausgewiesen sein. Qualitativ hochwertige Öle kommen aus kontrolliert biologischem Anbau, was man am Kürzel «kbA» erkennt. Zu beachten ist auch das Haltbarkeitsdatum, denn nach sechs bis 18 Monaten werden die pflanzlichen Öle in der Regel ranzig und schaden dann dem Organismus. Gute kaltgepreßte Öle erhalten Sie in Reformhäusern, Apotheken oder Naturkost- bzw. Naturkosmetikläden.

Welche Öle sind wofür geeignet? Einige Beispiele:

Aprikosenkernöl bei   Trockene Haut kann man mit Aprikosenkernöl einreiben; *trockener Haut*   es ist auch naturkosmetischer Bestandteil für Gesichtscremes gegen trockene Haut. Zudem ist es ein gesundes, wohlschmeckendes Speiseöl.

8 Vgl. auch hierzu Anne Simons: *Öle für Körper und Seele,* München 1997.

Arnikaöl eignet sich nur zur äußeren Anwendung, hier aber wirkt es sehr heilsam bei Blutergüssen, Venenentzündungen, Krampfadern, Zerrungen sowie bei rheumatischen und Muskelschmerzen.

Arnikaöl bei Krampfadern

Bei Schuppenflechte, Neurodermitis und Bindegewebsschwäche reibt man die betroffenen Stellen mit Avocadoöl ein. Wegen seiner vielen wertvollen Inhaltsstoffe (Vitamine A, B, D, E, A_1, B_1 und B_2; Gammalinolensäure, Lecithin, Eiweiß und Mineralien) ist es zudem ein nahrhafter Bestandteil von Salatdressings.

Avocadoöl gegen Hautprobleme

Calendula- und Johanniskrautöl werden ebenfalls nicht in der Küche verwendet. Auch sie zeichnen sich durch starke Heilwirkung aus: Calendulaöl ist häufig Bestandteil von Salben für Brandwunden und zur Narbenheilung, Krampfadern und Hämorrhoiden sowie gegen Windelwundheit bei Babys.

Calendulaöl zur Hautheilung

Johanniskrautöl löst verspannte Muskeln und stillt Wundschmerzen. Massagen mit Johanniskrautöl («Rotöl») wirken Schlaflosigkeit entgegen. Die Einnahme von dreimal täglich 30 Tropfen kann über einen Zeitraum von einigen Monaten zu einer dauerhaften Verbesserung der Stimmung führen.

Johanniskrautöl gegen Schlaflosigkeit und Depression

Jojobaöl gegen Falten   Das nur äußerlich angewandte Jojobaöl ist für jeden Hauttyp geeignet, es macht die Haut samtweich und beugt
der Faltenbildung vor. Zudem enthält es den Lichtschutzfaktor 4, so daß es die ideale Basis für eine Sonnencreme ist.

Mandelöl – ideal fürs Baby   Wegen seiner Fähigkeit, schnell in die Haut einzuziehen,
ist Mandelöl ein angenehmes, gut verträgliches Hautöl,
das auch für die Babypflege eingesetzt wird. Es beruhigt
die Haut bei Irritationen und reguliert Hauttrockenheit.
Als Speiseöl zeichnet es sich durch seine gesundheitlich
wertvollen Inhaltsstoffe sowie seinen angenehmen Ge-
schmack aus.

Nachtkerzenöl – für die   Nachtkerzenöl ist zwar teuer (100 ml ca. 40 DM), aber es ist
Rundumregeneration   seinen Preis durchaus wert. Sein besonders hoher Gehalt
an Gammalinolensäure führt bei innerlicher Anwendung
zu erheblichen Heilwirkungen. So können durch die ange-
regte Produktion des Gewebshormons Prostaglandin E_1
der Arteriendruck vermindert und Thrombosen sowie
Leberschäden durch Alkohol verhindert werden. Die psychische Befindlichkeit wird stabilisiert, die Haut dank ausgeglichener Talgabsonderung geschmeidiger, Allergien,
Herzerkrankungen, Unruhe gehen zurück, ein gestörter
Stoffwechsel wird reguliert. Und schließlich wirkt sich
Nachtkerzenöl äußerlich durchblutungsfördernd und bei
allen stoffwechselbedingten Hautkrankheiten regulierend
aus.

Ätherische Öle bereichern   Täglich dreimal 25 Tropfen, über einen längeren Zeit-
unser Leben um wohlrie-   raum eingenommen, machen Sie zu einem ausgeglichene-
chende und heilsame Düfte.

ren Menschen. Regeldepressionen und sogar -schmerzen gehen zurück. Sie können auch Ihrem Salatöl einige Tropfen Nachtkerzenöl beifügen. Es lohnt sich für die ganze Familie.

Olivenöl hat innerlich wie äußerlich gute Heilwirkungen. Statistiken zeigen, daß Herz- und Kreislauferkrankungen in den Mittelmeerländen, in denen Olivenöl ein wichtiger Nahrungsbestandteil ist, relativ selten sind. Äußerlich heilt es Wunden und desinfiziert. Innerlich fördert es die Verdauungsprozesse, wirkt entzündungshemmend und entschlackend.

Olivenöl für Herz und Kreislauf

Ägyptisches Schwarzkümmelöl ist äußerlich und innerlich auf vielfältige Weise wohltuend: Es eignet sich zur allgemeinen Stärkung des Immunsystems, zur Heilung und Linderung von Hautkrankheiten, Allergien, Neurodermitis und Asthma. Zudem harmonisiert es den Hormonhaushalt und wirkt Regelschmerzen und Potenzstörungen entgegen. Am besten nimmt man Schwarzkümmel in Kapselform ein, wo es mit verschiedenen Vitaminen kombiniert ist.

Schwarzkümmelöl für ein harmonisches Zusammenspiel der Hormone

Kaltgepreßtes Sonnenblumenöl ist sehr nahrhaft und wertvoll. Es wirkt innerlich sowohl entwässernd als auch stärkend. Äußerlich angewandt durchblutet es die Haut, regeneriert das Gewebe, heilt Wunden, Geschwüre und Ausschläge sowie Gelenkerkrankungen.

Sonnenblumenöl zur Stärkung

Weizenkeimöl für die trockene Haut

Für trockene, schuppige und vorzeitig gealterte Haut ist das stark Vitamin-E-haltige Weizenkeimöl besonders zur äußerlichen Anwendung geeignet. Zum Beispiel bietet es die ideale Basis für Haut- und Haarpackungen.

Herstellung individueller Naturkosmetik

Wählen Sie aus den beschriebenen Ölen das für Ihren Hauttyp und Ihre Bedürfnisse passende Öl aus, und verwenden Sie es auf unkomplizierte Weise in Ihrem Alltag.

Sonnenöl

Da Jojobaöl den Lichtschutzfaktor 4 aufweist, ist es als Basis für ein Sonnenöl hervorragend geeignet. Zudem beschleunigt es den Bräunungsprozeß. Träufeln Sie ein paar Tropfen ätherisches Kamillen-, Lavendel- und Teebaumöl in 50 ml Jojobaöl, und reiben Sie die Haut mit dieser Mischung ein.

Massageöl gegen Muskelkater

Vermischen Sie je fünf Tropfen des ätherischen Majoran-, Pfeffer- und Schafgarbenöls mit 50 ml Johanniskrautöl. Diese Mischung wird leicht angewärmt und sanft an den schmerzenden Stellen einmassiert.

Massageöl gegen Regelbauchschmerzen

Erwärmen Sie einen Eßlöffel Schwarzkümmelöl und massieren sanft den Bauch damit. Die Menstruationsbeschwerden werden zusätzlich besänftigt durch einen Tropfen ätherisches Basilikum-, Jasmin- oder Rosmarinöl, den Sie dem Schwarzkümmelöl beifügen können.

Ganz verblüffende Wirkung hat auf mich das ägyptische Schwarzkümmelöl in Kapseln. Es wirkt bereits wenige Minuten nach der Einnahme und beseitigt meine durchaus heftigen Regelschmerzen vollständig, wobei die Wirkung mehrere Stunden anhält.

Aus einem Stimmungstief hilft eine Massage, bei der eine Mischung aus Johanniskrautöl und ätherischem Bergamotte-, Eisenkraut-, Geranium-, Jasmin-, Lorbeer-, Mimosen-, Patchouli-, Rosen-, Rosenholz-, Sandelholz-, Vanille- und Ylang-Ylang-Öl sanft in die Haut eingerieben wird.

Körperöl gegen Depressionen

Mischen Sie nicht mehr als drei verschiedene ätherische Öle in das pflanzliche Basisöl. Wählen Sie die Öle nach Ihren Duftvorlieben aus. Auf 30 ml Johanniskrautöl reichen drei bis fünf Tropfen ätherisches Öl vollkommen aus, denn es gilt hier grundsätzlich: Weniger ist mehr.

Ihr selbstgemachtes Knoblauchöl stellen Sie ganz einfach folgendermaßen her: Schälen Sie fünf Knoblauchzehen und geben diese auf einen halben Liter Olivenöl in eine Flasche. Diese wird verschlossen und eine Woche lang an einem kühlen Ort aufbewahrt.

Knoblauchöl zum Würzen

Selbstgemachte Würzöle kann man auf die gleiche Weise mit Thymian, Estragon, Majoran, Koriander oder Dill herstellen. In einer hübschen Flasche abgefüllt ergeben sie zudem ein tolles Geschenk, mit dem Sie einer Freundin zu jedem Anlaß eine Freude bereiten können.

Vorsatz:
Ich werde mir ein gutes Öl kaufen,
das mich körperlich und seelisch unterstützt.

⇨ Was heißt hier Altern? / Gesund und schön

Natürliche Aphrodisiaka

Wenn der Krieg ein Glücksspiel ist,
so ist die Liebe eine Lotterie;
beide haben ihre Hochs und Tiefs.
In beiden können scheinbare Helden zusammenbrechen.
Bedenke wohl: Ist Liebe eine Wahl der Sanftheit?
Sie verlangt nach Unternehmungslust und Mut.
Nehmt es mir ab, daß Liebende alle Soldaten in Cupidos
   Privatarmee sind.

Ovid, Armores

Wenn Sie den Eindruck haben, daß die körperliche Liebe in Ihrer Partnerschaft erlahmt ist und einen Kick gebrauchen könnte, steht Ihnen eine breite Palette an natürlichen und leicht einzusetzenden «Antriebs»-Mitteln zur Verfügung, etwa in Form von köstlichen Nahrungsmitteln. Bereits die alten Kulturvölker wußten, daß man sich mit bestimmten Gewürzen und Speisen «in Fahrt» bringen kann. So parfümierten sie beispielsweise Wein mit Rosen, Ingwer oder Honig, um die Liebeslust zu steigern.

Bekanntermaßen sind Austern und Kaviar potenzfördernde Speisen. Das liegt daran, daß sie stark eiweißhaltig sind und Histidin enthalten, was wiederum das Lustempfinden steigert. Doch es muß nicht immer Kaviar sein …

Lustförderndes Abendessen zu zweit

Folgendes festliche Abendessen zu zweit bietet alle Voraussetzungen für eine sinnliche Fortsetzung des Abends auf anderem als lukullischem Gebiet:

Es muß nicht immer Kaviar
sein …

Als Vorspeise servieren Sie Mozzarella mit Tomaten und viel Basilikum: Schneiden Sie den Käse und die Tomaten in Scheiben, und ordnen Sie sie abwechselnd auf den Tellern an, so daß auch das Auge mitißt. Das weiß-rote Muster wird durch darübergestreute, leicht zerpflückte Basilikumblätter abgerundet. Schon diese Farben Italiens sollten Sie in eine urlaubsmäßige Stimmung versetzen.

1. Gang: Mozzarella mit Tomaten und Basilikum

Den Italienern gilt Basilikum übrigens als bewährter Penisstärker, und die roten Tomaten regen, wie die meisten roten Früchte, die Libido an.

2. Gang: Knoblauchsuppe

Als zweiter Gang kann eine Knoblauchsuppe folgen. Dazu benötigen Sie:
2 Knoblauchknollen
1 l Gemüsebrühe
1 Sträußchen aus zusammengebundener Petersilie, Majoran und Thymian
Saft von einer Zitrone
Salz und Pfeffer
geröstete Croutons

Zubereitung: Sie lösen die einzelnen Zehen aus den Knollen und legen sie ungeschält zusammen mit den Kräutern in einen Suppentopf. Fügen Sie die Brühe hinzu, und bringen Sie sie im geschlossenen Topf zum Kochen. Reduzieren Sie die Hitze, und lassen Sie die Suppe 30 Minuten köcheln, bis der Knoblauch weich ist. Dieser wird nun püriert und zusammen mit dem Zitronensaft mit der Brühe verrührt. Mit Salz und Pfeffer abschmecken und mit den gerösteten Croûtons servieren.

Knoblauch ist durchblutungsfördernd und daher ein wirkungsvolles Mittel gegen Impotenz. Zudem ist erwiesen, daß er die Samenzellen stärkt.

Hauptgang: Spargel

Spargel ist ein entwässerndes Gemüse, weshalb es ebenfalls aphrodisierend wird: Es steigert die Harntätigkeit und regt somit die Durchblutung im Genitalbereich an. Servieren Sie eine große Portion Spargel (mindestens 500 g pro Person).

Sie können ihn einfach präsentieren, d.h. in 20 bis 30 Minuten in Wasser kochen, in das Sie je einen halben Teelöffel Salz und Zucker und etwas Zitronensaft gegeben haben. Anschließend mit neuen Kartoffeln servieren und über beides geschmolzene Butter gießen. Als Beilage empfiehlt sich roher und gekochter Schinken.

Ebenfalls sehr wirkungsvoll sind köstliche Variationen mit Reis oder Spinat, die ich Ihnen nicht vorenthalten will.

Zutaten: *Spargel auf Spinatbett*
1 kg geschälter weißer Spargel
350 g junge Spinatblätter
1 gr. Bund Frühlingskräuter (Petersilie, Kresse, Kerbel, Basilikum, Pimpernelle, Schnittlauch usw.)
2 hartgekochte, gehackte Eier
150 g Crème fraîche
100 g Joghurt
1 TL Senf
1 TL Apfelsaft
Saft von 1 Zitrone
20 g Butter
Salz, Pfeffer, Muskatnuß, Zucker

Zubereitung: Crème fraîche und Joghurt miteinander verrühren und mit dem Senf, Apfel- und Zitronensaft, Salz und Pfeffer abschmecken. Die gehackten Kräuter und Eier dazugeben und gut verrühren. Eine Stunde durchziehen lassen.

Den Spargel in reichlich kochendem Wasser mit Salz, Zucker und etwas Butter in ungefähr 20 bis 30 Minuten garen. Die gewaschenen Spinatblätter tropfnaß in einen Topf geben und bei mittlerer Hitze in wenigen Minuten zusammenfallen lassen. Etwas Butter dazugeben, mit Salz und Muskatnuß würzen und kurz durchschwenken.

Spinat auf einer Platte ausbreiten, mit abgetropften Spargelstangen belegen und mit etwas Sauce beträufeln. Die restliche Sauce dazu reichen.

Spargelrisotto

Zutaten:
500 g Grünspargel
1 l Gemüsebrühe
1 kleine Zwiebel
2 Knoblauchzehen
1 EL Olivenöl
2 Becher Rundkornreis
200 ml trockener Weißwein
100 g Parmesankäse
etwas Butter
Salz, Pfeffer

Zubereitung: Den Spargel waschen, am unteren Ende schälen und die Enden knapp abschneiden. Die Stangen in mundgerechte Stücke schneiden. Spargelköpfe zur Seite legen. Die restlichen Spargelstücke in der Gemüsebrühe 8 bis 10 Minuten kochen, abgießen und das Spargelwasser auffangen. Zwiebel und Knoblauchzehen schälen, kleinschneiden und in Olivenöl andünsten. Reis und Wein zugeben. Wein verdampfen lassen. Nach und nach Spargelbrühe zugießen. Reis bei kleiner Hitze ungefähr 35 Minuten garen.

Spargelköpfe in Butter 4 Minuten unter Rühren anbraten. Risotto mit Salz und Pfeffer würzen. Parmesankäse unterheben. Spargelköpfe auf das Risotto geben. Zum Essen einen Rest Käse über das Risotto streuen.

Zum aphrodisierenden Nachtisch steht Ihnen eine breite Palette zur Verfügung. Zunächst einmal wirken sich alle roten Obstsorten stimulierend aus, also Erdbeeren, Kirschen, Melone, Himbeeren, rote Johannisbeeren oder dunkle Trauben. Auch Äpfel, Birnen, Bananen, Orangen und Zitrone wirken anregend. Es würde sich somit ein bunter Obstsalat anbieten, oder einfach Erdbeeren mit Sahne oder Mascarpone.

Dessert

Auch Vanille, Zimt, Nelken und Koriander sind erotisierende Würzmittel, so daß Sie auch einen Apfelstrudel mit Vanillesauce und viel Zimt oder ein selbstgemachtes Vanille-Zimt-Eis in Erwägung ziehen können.

Zutaten:
$\frac{1}{4}$ l Milch
1 Vanilleschote
2 Tropfen ätherisches Zimtöl
75 g Zucker
3 Eigelb
$\frac{1}{4}$ l Sahne

Vanille-Zimt-Eis

Zubereitung: Die Milch in einen hohen Topf schütten. Die Vanilleschote aufschlitzen und das Mark herausstreifen. Vanillemark, Zimtöl, Zucker und Eigelbe gründlich mit der Milch verrühren. Die Vanillemilch auf dem Herd mit dem Schneebesen schlagen, bis sie heiß und leicht cremig wird. Den Topf vom Herd nehmen und die Vanillecreme abkühlen lassen. Die Sahne steif schlagen und unter die Creme ziehen. Die schaumige Masse in Eisschalen geben und im Gefrierfach in ungefähr zwei bis drei Stunden zu Eis werden lassen.

Wenig Wein regt an

Wein zum Menü kann durchaus die Lust anregen, im hier vorgeschlagenen Fall etwa ein trockener, leichter Weißwein. Ansonsten paßt bei größeren Menüs in der Regel die Reihenfolge: Weißwein zur Vorspeise, Rotwein zum Fleisch, Champagner zum Dessert. Aber Vorsicht: Alkohol regt nur an, wenn in Maßen genossen. Zuviel davon bewirkt das Gegenteil, kann nämlich zu Potenzschwäche führen.

Weitere Nahrungsmittel mit aphrodisierender Wirkung

Sellerie ist eine köstliche und zudem sehr preisgünstige Möglichkeit, sich vitaminreich zu ernähren und gleichzeitig die Sexualkraft bei Männern wie Frauen zu stärken. Ein täglicher Rohkostsalat, bei dem man Äpfel, Walnußkerne und Sellerieknollen raspelt und mit etwas Zitrone und Joghurt anmacht, wirkt wahre Wunder.

Auch eine regelmäßig eingenommene Tasse Brennessel- und Johanniskrauttee führt zu erfreulichen Ergebnissen.

Bekanntermaßen ist das von den Honigbienen für ihre Königin produzierte Gelee Royale eine Kraftnahrung, die nicht nur Rekonvaleszenten wieder auf die Beine bringt, sondern auch die vertrocknete Liebe neu erblühen läßt, da es das Lustempfinden stärkt. Es enthält zudem in großer Menge die Vitamine A, C, E sowie den B-Komplex, Pantothensäure und Biopterin.

Die Sexualhormone lassen sich auch durch Einnahme der Ginseng-Wurzel anregen.

Wenn Sie insgesamt regelmäßig das Vitamin-E-haltige Weizenkeimöl zur Nahrungszubereitung verwenden, viel Salat, Kresse, und Milchprodukte zu sich nehmen, tun Sie auf ganz natürliche Weise etwas für eine lebendige Sexualität in der Partnerschaft.

Mit einem gelungenen Mahl sollten Sie es noch lange nicht bewenden lassen: Schulen Sie sich in den vielfältigen Verführungskünsten.

Die hohe Schule der Verführung

Die Gestaltung des Eßtischs überlassen Sie keineswegs dem Zufall, sondern setzen bewußt rote Akzente in der Wahl der Tischdecke und Servietten. Empfehlenswert ist eine weiße, graue oder rosafarbene Tischdecke, von der sich farblich rotes Geschirr, zumindest aber rote Servietten, Blumen und Kerzen geschmackvoll und effektiv abheben.

Rote Accessoires sorgen für eine knisternde Atmosphäre

Auch in Ihrem Schlafzimmer darf das erotisierende Rot nicht fehlen. Es sollte allerdings nicht vorherrschend sein, sonst entfaltet es eine zu starke Wirkung und löst gegebenenfalls Aggressionen und Wut aus. Rot gemusterte Bettwäsche, ein rotes Nachthemd, rote Kissen oder ähnliches reichen aus, um die Liebe anzuregen.

Vorsatz:
Heute bereite ich mir und meinem Partner
ein Feuerwerk an sinnlichen Reizen.
Wir wollen heute Hochzeit halten.

Spielen Sie Ihre Reize aus

Versuchen Sie es doch einmal mit einem erotischen Body, in Rot oder in einer anderen Farbe. Geizen Sie nicht mit Ihrer sexy Ausstrahlung: Tragen Sie Ihr Haar offen. Lenken Sie die Aufmerksamkeit durch eine schöne Kette auf Ihren Hals und Ihr Décolleté, ziehen Sie ein kurzes, figurbetonendes Kleid an – und vor allem: Nutzen Sie die geheime Macht der Düfte.

Ihr Körper als Duftgarten

Sie können Ihren Körper gezielt mit ätherischen Duftstoffen parfümieren. Als Aphrodisiaka wirken u.a. die Düfte von Gingergras, Ingwer, Jasmin, Kümmel, Limette, Mimose, Moschuskörnern, Neroli, Patchouli, Pfeffer, Rose, Sandelholz, Sellerie, Tuberose, Ylang Ylang und Zimt. Sie können Ihren Körper in einen Garten aus unterschiedlichen, faszinierenden Gerüchen verwandeln. Hierzu reiben Sie von den genannten ätherischen Ölen je einen Tropfen an unterschiedliche Körperstellen. Wählen Sie solche Düfte aus, die Ihnen besonders angenehm sind. Beispielsweise tupfen Sie hinter die Ohrläppchen Rose, auf das Décolleté Mimose, auf den Bauch Sandelholz und zwischen die Schenkel Jasmin. Spielen Sie mit diesen Düften, und phantasieren Sie sich ins Reich der Harems, in denen solche Liebesduftkreationen zu Hause sind.

Verwandeln Sie Ihren Körper in einen Duftgarten.

Natürlich können Sie diese Düfte auch an anderen Stellen auftragen, z.B. auf das Kopfkissen oder auf der Glühbirne Ihrer Nachttischlampe. Aber achten Sie immer darauf, sehr sparsam mit ätherischen Ölen umzugehen.

Schließlich kann eine sinnliche Partnermassage sicherlich als Meisterstück bei der Vorbereitung der körperlichen Liebe gelten. Mit einem Körperöl, in das Sie wiederum ein, zwei Tropfen eines aphrodisierenden ätherischen Öls mischen, streicheln Sie Ihren Partner mit langsamen, sinnlichen Bewegungen vom Nacken den Rücken hinunter, von den Händen, zu den Schultern und von den Füßen aufwärts zum Po. Umspielen Sie dabei die erogenen Punkte Ihres Partners. Eine allgemeine Anleitung zur Partnermassage finden Sie auf Seite 141 ff.

Lassen Sie Ihren Verführungsphantasien freien Lauf: Ihnen fällt bestimmt noch mehr ein als hier vorgeschlagen.

Sinnliche Körpermassagen

Affirmation:
Ich bebe vor Sinnlichkeit und feiere mit meinem Partner ein Fest der Lust.

⇨ Lust auf Streicheleinheiten

Die körpereigenen Drogen aktivieren

Seit Urzeiten beeinflussen die Menschen Ihre Gefühle und Bewußtseinszustände mit Hilfe von Drogen wie Opium, Kokain, Cannabis, Ibogain oder Alkohol. Sie dienen sowohl der Bewußtseinserweiterung bei religiösen Anlässen als auch dazu, einen harten, entbehrungsreichen Alltag zu ertragen.

Wohlfühlen mit den körpereigenen Drogen

Neben diesen sogenannten exogenen, also von außen zugeführten, Drogen ist in vielen alten Kulturen das Wissen um die endogenen Drogen bekannt, diejenigen, die der Körper durch bestimmte Handlungen auch ohne äußere Einflüsse selbst herzustellen vermag. Hierzu gehören Yoga, Meditation, asketisches Fasten, ekstatisches Tanzen, Hyperventilation oder das tranceartige Versinken zu bestimmten Rhythmen.

Verantwortlich für spezielle Gefühls- und Geisteszustände sind Hormone und Neurotransmitter, Botenstoffe, die vom Gehirn ausgeschickt werden.

Beispielsweise wirkt Serotonin emotional beruhigend und schlaffördernd, während Dopamin emotional und sexuell anregt, für Freude und Glücksgefühl verantwortlich ist und Wachheit, Phantasie und Kreativität unterstützt. Acetylcholin ist zuständig für unser Denken, Erinnern und Wahrnehmen. Noradrenalin schärft die Wachsamkeit und das klare Bewußtsein bis hin zur Aggressivität.[9]

«Wohlfühlhormone»

Die Hormone und Neurotransmitter in unserem Körper befinden sich normalerweise in einem ausgeglichenen Verhältnis zueinander, so daß der Mensch in Gesundheit lebt. Ein Ungleichgewicht aber kann zu Störungen des körperlichen wie des seelischen Befindens führen, Depressionen hervorrufen oder das Denken behindern. Bei einem festgestellten Mangel sollte man nicht sofort zu chemischen Mitteln greifen, schon gar nicht leichtfertig zu Psychopharmaka, sondern zunächst einmal versuchen, den Körper zur Produktion des fehlenden Stoffes zu bewegen.

Sie sitzen seit Stunden am Schreibtisch und versuchen sich ebenso krampfhaft wie erfolglos zu konzentrieren. Machen Sie lieber eine kleine Pause, spielen Sie Klavier oder tanzen Sie ekstatisch. Dadurch wird der Neurotransmitter Dopamin in großer Menge produziert, was zu baldiger Stimulation Ihrer geistigen Kreativität führt. Menschen mit Dopaminmangel unterliegen häufig einer zu starken Selbstkontrolle. Diese sollten sie möglichst fallenlassen. Auch Autosuggestion, Yoga und mitreißende, bewegende Musik wirken sich förderlich auf die Dopaminproduktion aus.

Wie rege ich meinen Körper an, eigene Drogen zu produzieren?

Konzentrationsschwäche

9 Eine interessante Darstellung zu diesem Thema gibt es von Josef Zehentbauer in seinem Buch *Körpereigene Drogen*. München, Zürich 1992.

Schmerzen   Bei Zahn- oder anderen Schmerzen legen Sie sanfte, angenehme Musik auf, die Sie leise erklingen lassen. Sanfte Musik erhöht die Endorphin-Konzentration im Blut, die das Schmerzempfinden senkt. Körpereigene Endorphine können Sie auch durch autogenes Training, Yoga, Meditation, Autosuggestion oder ekstatisches Tanzen stimulieren.

Schärfung der Gedanken   Die Gedanken werden durch Acetylcholin getragen. Je mehr davon in uns wirkt, desto schneller und klarer denken wir. Fehlt dieser Stoff bzw. kann er aufgrund von Umweltgiften in unserem Körper nicht aktiv werden, sind Depressionen und Alzheimer-Erkrankung die Folge.
Um die Produktion von Acetylcholin anzuregen, sollten wir uns mit geistigen Aufgaben fit halten, also nicht vor dem Fernseher passiv konsumieren, sondern aktiv lernen und unser Gedächtnis trainieren. Auch Meditationen und Autosuggestionen sowie sämtliche Techniken, welche die Phantasie stimulieren, wirken sich positiv auf die Acetylcholin-Produktion aus, die ansonsten durch Umweltgifte und Schadstoffe in Nahrungsmitteln stark beeinträchtigt wird.

Entschlußschwäche und Apathie   Wenn Sie sich ständig schlapp und müde fühlen, kaum Interesse an Ihrer Umwelt haben und sich nie entscheiden können, ist wahrscheinlich der Noradrenalin-Spiegel in Ihrem Blut zu niedrig. Reißen Sie sich aus dieser hormonell bedingten Apathie, indem Sie sich stressen. Setzen Sie sich extremen körperlichen wie seelischen Belastungssituationen aus, die einen gewissen Nervenkitzel enthalten. Fahren Sie beispielsweise in Begleitung eines sicheren Skifahrers eine «schwarze» Piste hinunter, auch wenn Sie sich dem Schwierigkeitsgrad nicht ganz gewachsen fühlen. Oder versuchen Sie es einmal mit Steilwandklettern oder Bungee-Springen. Eine bewährte Möglichkeit, den Noradrenalinspiegel zu erhöhen, ist der Schlafentzug. Machen Sie eine Nacht durch, wobei Sie sich angenehm beschäftigen: zum Tanzen gehen, mit einer Freundin die Nacht hindurch reden o.ä.. Konzentrieren Sie sich mehr auf Ihre Stimmungen und körperlichen Bedürfnisse, und lassen Sie diese zu ihrem Recht kommen. Wenn Sie wütend sind, schlucken Sie Ihren Ärger nicht hinunter, sondern zeigen Sie ihn laut und deutlich. Das mag Ihrem Gesprächspartner nicht passen, Ihrem Hormonhaushalt kommt es aber auf jeden Fall zugute!

Affirmation:
Mein Körper ist ein
wundervolles komplexes
System,
in dem jeder Teil seine
Aufgabe erfüllt.

⇨ Lust auf Streicheleinheiten / Lust auf gute Laune / Was heißt hier Altern?

Sich Erleichterung verschaffen

Salzwasser ist ein Allheilmittel: Schweiß, Tränen oder das Meer.

Isak Dinesen

Unser Leben besteht nicht nur aus lust- und freudvollen Momenten, sondern auch aus Enttäuschungen, unangenehmen oder schmerzhaften Erfahrungen. Wir haben gelernt, uns nicht anmerken zu lassen, wenn wir getroffen und verletzt sind. Schon als Kinder konnten wir die Zähne zusammenbeißen und die Tränen zurückhalten, wenn wir nicht zugeben wollten, daß wir Schmerz spürten, seelischen wie körperlichen.

Diese Selbstbeherrschung ist in einigen Situationen hilfreich – stellen Sie sich vor, Sie würden in Tränen ausbrechen über eine verletzende Bemerkung an Ihrem Arbeitsplatz oder in der U-Bahn. Aber der Schmerz sollte nicht vergessen oder verdrängt werden, sonst werden wir krank, ängstlich und schwach. Erst wenn wir die Gefühle von Trauer, Frust und Zorn wieder durchleben, können wir uns von ihnen befreien und an ihnen wachsen.

Wie entledigen wir uns der negativen Gefühle? Die abendliche Rückschau auf die Ereignisse des Tages führt uns an den Punkt der Verletzung zurück. Wenn Sie auf das Frusterlebnis zurückblicken, horchen Sie gleichzeitig in sich hinein: Fühlen Sie eher Zorn oder Trauer angesichts der Kränkung? Wie können Sie sich von diesem Gefühl am ehesten befreien – durch Schweiß, Tränen oder das Meer? Isak Dinesens Empfehlung, sich mit Salzwasser von allen unguten Empfindungen zu reinigen, ist so schlicht wie wirkungsvoll.

Wenn Sie eher Zorn empfinden, so reagieren Sie sich durch heftige Bewegung ab: Joggen Sie eine Runde durch den Park, oder machen Sie eine anstrengende Haus- oder Gartenarbeit, bei der Sie sich körperlich verausgaben können. Sorgen Sie dafür, daß Sie ordentlich ins Schwitzen kommen. Sie können darüber hinaus auch durch Gedanken und Worte Ihre innere Hitze loswerden: Beschimpfen Sie die Person, die Sie geärgert hat, reagieren Sie sich in jeder Form ab.

Sich körperlich abreagieren

Wenn die Verletzung eher an alte Wunden gerührt hat und Sie traurig und verzweifelt macht, lassen Sie Ihre Tränen strömen. Manche Menschen haben den Zwang, keine Schwäche zu zeigen, so verinnerlicht, daß es ihnen schwerfällt zu weinen, auch wenn sie allein sind. Lassen Sie es nicht so weit kommen. Sie haben ein Recht auf Ihre Trauer und Ihre Tränen, die Ihnen helfen, mit Problemen besser fertig zu werden.

Weinen Sie sich einmal richtig aus

Wie können Sie in Kontakt mit Ihrer Trauer kommen? Sie spüren den Kloß im Hals und fühlen sich elend. Denken Sie intensiv an ein Ereignis, bei dem Sie als Kind sehr verletzt wurden. Empfinden Sie das Gefühl nach, und suchen Sie die kindlichen Tränen, die irgendwann einmal versiegt sind. Sagen Sie: «Ich bin traurig.» Manchen Frauen hilft es, wenn sie ein Buch lesen, das sie sehr berührt, oder ein bestimmtes Gedicht. Andere sprechen stärker auf Musik oder einen traurigen Film an. Manchen gelingt es, sich ihrem Schmerz zu öffnen, wenn sie das Mitgefühl eines lieben Menschen spüren. Probieren Sie verschiedene Methoden aus, wenn Sie schlecht weinen können.

Vorsatz:
Ich will meinen Schmerz
empfinden
und meine Tränen fließen
lassen.

Schließlich spüren Sie die ganze Wucht Ihrer Trauer und Ihres Schmerzes. Lassen Sie sie heraus. Äußern Sie sie auf jede Art, die Ihnen guttut: Weinen Sie heftig und laut; heulen und jammern Sie; schreien Sie vor Trauer oder Zorn. Allmählich beruhigen Sie sich, aber Sie sind noch ganz wund.

Nehmen Sie ein beruhigendes Bad, und waschen Sie darin alle traurigen und schmerzhaften Gefühle ab. Tauchen Sie einmal ganz unter Wasser, und dann steigen Sie langsam aus der Wanne. Sie spüren, wie das Wasser an Ihnen herabläuft und mit ihm alles Negative. Es verschwindet durch den Ablauf und läßt Sie befreit und gereinigt zurück.

Nun pflegen Sie sich körperlich und seelisch: Legen Sie eine CD mit sanfter, tröstender Musik ein, die in Ihnen warme, angenehme Erinnerungen weckt. Summen Sie leise die Melodie mit. Massieren Sie Ihren Körper nach dem Bad zärtlich mit einer Lotion, der Sie einige Tropfen des ätherischen Öls von Koriander und Eisenkraut zugesetzt haben.

Erleichterung breitet sich in Ihnen aus. Sie haben Ihre

Trauer und den Schmerz erlebt. Das war sehr anstrengend; aber Sie haben es geschafft, sich davon zu befreien. Sie sind nun sehr stolz auf sich und können sich wieder fröhlicheren Gedanken zuwenden.

Affirmation:
Meine Trauer gehört zu mir wie meine Freude.
Beide haben ihre Zeit.

⇨ Dampf ablassen

Die Sprache meiner Träume

Der Traum ist der Schlüssel zur Erkenntnis.

Perez de Montélimar

Nacht für Nacht tauchen wir ab in eine Sphäre, die ihre ganz eigenen Regeln und Gesetze hat: das Reich der Träume. Morgens erinnern wir nur noch bruchstückhaft, daß wir die unglaublichsten Abenteuer erlebt haben. Im Traum wirkte alles so klar, das Handlungsgeschehen folgte logischen Strukturen. Wir haben heftige Gefühle empfunden, uns grauenhaft gefürchtet, waren hochbeglückt oder sexuell erregt. Am Morgen aber entgleiten uns diese Zusammenhänge nur zu schnell, kaum können wir uns noch an einen Traumfetzen klammern, und schon schütteln wir den Kopf ob der nicht mehr erkennbaren inneren Logik, die uns im Traum doch so zwingend erschienen war. Schade eigentlich.

Der Traum: meine Botschaft an mich selbst

Gehört das nächtliche Traumerleben, das jenseits unseres Tagesbewußtseins liegt, nicht ebenso zu unserer Persönlichkeit? Es lohnt sich, daß wir uns mit unseren Träumen beschäftigen, wollen wir uns besser kennenlernen. Wenn wir einen Zugang zu den Tiefen unseres Unterbewußtsein finden und in der Lage sind, unsere Träume zu deuten oder sogar zu steuern, kommunizieren unsere bewußte und die unterbewußte Schicht miteinander, was zu gesteigerter Kreativität und Lebendigkeit führt. Erich Fromm zitiert den Talmud: «Ein ungedeuteter Traum gleicht einem ungelesenen Brief», und weist darauf hin, daß Träume «wichtige Mitteilungen von uns selbst an uns selbst» seien.[10] Lernen wir also die Botschaften unserer Seele an uns kennen.

An dieser Stelle möchte ich Ihnen einen Weg zeigen, wie Sie Kontakt zu Ihren Träumen aufnehmen können. Wichtig ist, daß Sie die Welt Ihrer Träume ernst nehmen und als auf ihre Art ebenso bedeutsam wie die Wachwelt anerkennen. Bereits diese Einstellung und die konzentrierte Offenheit für das bevorstehende Traumerleben vor dem Einschlafen bewirken, daß Sie Ihre Träume im Laufe der Zeit «bewußter» erleben, d.h. die Kluft zwischen Wirklichkeits- und Traumbewußtsein kleiner wird. Nehmen Sie sich fest vor, an einer besonders interessanten, beängstigenden oder beglückenden Stelle Ihres Traums wach zu werden. Legen Sie sich Stift und ein «Traumheft» griffbereit neben Ihr Bett, und schreiben Sie, wenn Ihnen das gesteuerte Wachwerden gelingt, Ihren Traum und vor allem Ihre Traumgefühle auf. Mit einigem Training können Sie auf diese Weise Ihren Traum lenken, indem Sie nach dem Aufschreiben sofort wieder einschlafen und den Traum weiter träumen – nun in eine mit Ihrem Wachbewußtsein beschlossene Richtung.

Mein «Traumheft» neben dem Bett

10   Erich Fromm: *Märchen, Mythen, Träume. Eine Einführung in das Verständnis einer vergessenen Sprache.* Stuttgart 1980, S. 16.

Vorsatz:
Ich will die Kluft zwischen
Traum und
Wachbewußtsein
überwinden und beide
Bereiche einander annähern.
An einer besonderen Stelle
in meinem Traum
will ich wach werden und
bewußt eingreifen.

Affirmation:
Meine Träume sind ein
wichtiger Teil von mir.
Ich will offen sein für die
Botschaft, die sie enthalten.

Tatsächlich hört sich das komplizierter an, als es ist. Wenn Sie mit einiger Beharrlichkeit mit der Absicht einschlafen, sich aus einem Traum zu wecken, wird Ihnen das mit Sicherheit bald gelingen. Und auch das Aufschreiben und sofortige Wiedereinschlafen ist relativ leicht erlernbar. In meiner Frauengruppe haben wir diesen Traumkontakt erprobt, und es hat bei allen funktioniert.

Insbesondere eine Frau ist tief beglückt über diese Methode. Jahrelang litt sie unter demselben, regelmäßig wiederkehrenden Alptraum, von einem großen Hund verfolgt zu werden, der ihr schließlich ein Stück Fleisch aus dem Bein herausbiß. Anna lernte es, sich zu wecken, bevor der Hund sie schnappte. Sie legte einen Bannzauber um sich, schlief wieder ein, und der Hund rannte an ihr vorbei, da sie für ihn nicht mehr erreichbar war. Seither ist sie dem Traum nicht mehr ausgeliefert gewesen, sondern konnte ihn nach ihren Regeln lenken, was sich auch auf ihre Selbstsicherheit positiv auswirkt.

⇨ Ängsten ins Gesicht sehen

Klarheit finden

Nichts beruhigt das Gemüt so wie ein angestrebtes Ziel:
ein Punkt, auf den die Seele ihren intellektuellen Blick
  richten kann.

Mary Woolstonecraft Shelley

Es gibt Zeiten, in denen wir den Boden unter den Füßen *Abstand gewinnen*
verlieren und nicht mehr wissen, was richtig und was
falsch ist, was unsere Ziele und Wünsche sind. Was können wir tun, um herauszufinden, was wirklich wichtig ist?

Abstand ist eine Voraussetzung dafür, daß wir aus einem
verwirrenden Chaos wieder herausfinden können. Abstand kann auf verschiedene Arten gewonnen werden: Im
ganz wörtlichen Sinn kann man einen Koffer packen und
für ein Wochenende oder länger eine Distanz zwischen
sich und den Ort legen, an dem man «auf der Stelle» tritt.
Wenn Sie nicht mehr weiter wissen, fahren Sie zu einer
klugen Freundin, zu einem Menschen, der Ihnen zuhört,
oder an einen einsamen Ort, wo Sie allein sein können. Gehen Sie am Strand spazieren, verausgaben Sie sich körperlich bei einem Ski-, Tanz- oder Wanderwochenende.
Manchmal tut es gut, an nichts zu denken, manchmal
kann man erst richtig denken, wenn man die Umgebung
gewechselt hat.

Um Frieden und Klarheit zu finden, sollten wir uns manchmal an einen einsamen Ort zurückziehen.

Vorsatz:
Ich will mein Leben heute aus einer neuen Perspektive betrachten und seine großen Linien suchen.

Sie können aber auch in Ihrer Phantasie große Entfernungen überwinden. Nehmen Sie die Vogelperspektive ein: Stellen Sie sich vor, Sie seien ein Adler, der immer höher und höher in den Himmel aufsteigt. Mit kräftigen Flügelschlägen lassen Sie das problembeladene Feld unter sich zurück, wie einen nebelverhangenen Sumpf. Je höher Sie ins Licht hinaufsteigen, desto leichter werden Sie. Unter Ihnen schrumpft der Sumpf zu einem winzigen Punkt zusammen, und ringsherum ist die Welt wunderschön und vielseitig: Sie erkennen Wälder, Felder, Städte, Seen und das Meer. Wie wenig bedeutsam erscheint Ihnen aus dieser erhabenen Perspektive das Problem, das zuvor Ihren

Verstand benebelte. Sie erkennen allmählich, daß Ihnen mehrere Wege zur Verfügung stehen. Betrachten Sie diese aus der großen Entfernung in Ruhe. Nicht auf die Details kommt es an, sondern auf die großen, geraden Linien, auf das Endziel.

Manchmal hilft es auch, die eigene Situation zu relativieren, indem man sie in Beziehung setzt zu dem, was man in früheren Situationen erlebt und erhofft hat. Vergegenwärtigen Sie sich eine Zeit, in der Sie schon einmal in einer Krise steckten. Woran haben Sie damals gezweifelt? Was machte Sie unglücklich? Was ersehnten Sie sich, um aus Ihrem Tief herauszukommen? Vergleichen Sie Ihre jetzige Situation mit der damaligen. Ist es Ihnen gelungen, damals einen Ausweg zu finden, und wenn ja, wie? Nun werfen Sie einen Blick in Ihre Zukunft. Stellen Sie sich vor, wie Sie in einem Jahr erleichtert und dankbar zurückblicken auf die jetzige Zeit der Verwirrung. In dem Vertrauen darauf, daß Sie plötzlich oder allmählich wieder klar sehen werden, überlassen Sie sich ganz Ihrem Weg. Sie werden nicht verlorengehen.

Wo stehe ich heute?

Hilfreich kann es auch sein, aktiv zu werden, sich für Menschen zu engagieren, denen es schlecht geht. Die Betreuung unglücklicher, alter, kranker oder obdachloser Menschen läßt uns allmählich erkennen, wie viele Möglichkeiten uns offenstehen, ein selbstbestimmtes Leben zu führen.

Ich kenne Menschen, die sich in einer Krise zurückziehen und viel musizieren oder Musik hören, malen oder sich mit bestimmten Bildern umgeben und diese immer

Affirmation:
Ich gewinne Abstand von
den Widrigkeiten meines
Alltags und erkenne
allmählich, was mir wirklich
wichtig ist.

wieder betrachten, schreiben oder lesen. Intuitiv finden die meisten einen Ausweg. Vertrauen Sie sich, und betrachten Sie jede Krise als eine Chance zur inneren Erneuerung und Bereicherung.

⇨ Wichtiges von Unwichtigem unterscheiden

«Geist, bist du da?»

Was wie ein spinnertes Experiment Pubertierender wirken mag, möchte ich Ihnen hier mit «spielerischem Ernst» vorstellen. Es macht einen Riesenspaß und ist auf verblüffende Weise anregend: eine spiritistische Séance.

Auf diese Idee brachte mich eine Freundin, die mir davon erzählte: «Angefangen hat es, als wir kurz vor dem Abitur waren und ziemlich unter Druck standen. Wir setzten uns zu einer Séance zusammen und befragten einen Geist nach unserer Zukunft, speziell natürlich nach den Abi-Noten. Mir wurden meine Noten völlig zutreffend vorhergesagt, und seitdem mache ich solche Sitzungen, besonders wenn ich ein Problem habe. Irgendwie hilft mir der Geist immer.»

Natürlich hat sich meine Freundin sehr intensiv mit diesem parapsychologischen Phänomen beschäftigt und eine Reihe von Büchern dazu gelesen. Sie ist weit entfernt von jeglichem Geisterglauben und erklärt es als Manifestation des Unterbewußtseins der Beteiligten. Der «Geist» bringt nichts anderes zum Ausdruck, als sie sich wünschen bzw.

Hilfe von einem «Geist»

Eine spiritistische Séance

erwarten. Dies geschieht auf einer Ebene, die vom Verstand nicht kontrolliert wird.

Das «Spiel» geht folgendermaßen: Man schreibt alle Buchstaben des Alphabets sowie die Zahlen von 0 bis 9 auf kleine Zettel, die man kreisförmig auf einer glatten Tischplatte anordnet. In der Mitte dieses Kreises befindet sich ein Glas, das umgedreht wird. Um den Tisch sitzen die Teilnehmer der Sitzung. Sie legen Zeige- und Mittelfinger leicht auf den Glasrand, wobei sie die Finger des Nachbarn berühren. Dieser Kontaktkreis muß immer geschlossen sein.

Eine spiritistische Séance macht Spaß und fördert nicht selten Lösungen zutage, die unser Bewußtsein übersehen hatte.

In einer angemessenen Atmosphäre, also im abgedunkelten Zimmer bei Kerzenlicht und in Stille, konzentrieren sich die Anwesenden auf einen «Geist», den sie rufen: «Geist, bist du da? Wenn ja, erscheine.» Nach einiger Zeit fängt das Glas an, sich auf der Tischoberfläche zu bewegen: Der Geist ist anwesend und zur Kommunikation bereit. Nun kann man Fragen stellen, die der Geist durch Verschieben des Glases in Richtung der Buchstaben oder Ziffern beantwortet. Erstaunlich ist, daß das Glas nicht mit bewußt eingesetzter Muskelkraft geschoben wird. Auch wenn die Finger den Rand kaum berühren, bewegt es sich zügig in alle Richtungen und buchstabiert Antworten. Diese haben zumeist eine aufmunternde Wirkung und weisen, wenn man z. B. in einem Problem gefangen ist, in eine Richtung, die man vorher übersehen hatte. Ich selbst habe nach der Schilderung meiner Freundin schon mehrfach an solchen interessanten Séancen teilgenommen.

Was immer man davon hält und wie ernst man sie nimmt: Sie machen Spaß und geben, sofern man offen dafür ist, auch Antworten auf eigene Fragen.

Übrigens reagiert das Glas unterschiedlich, manchmal sehr bald und mit großer Schnelligkeit, manchmal aber muß man lange warten oder sogar abbrechen, weil mit den Antworten nichts anzufangen ist. Das mag an der Zusammensetzung der Gruppe liegen. Manche Menschen eignen sich als Medium, andere nicht. Probieren Sie, wenn Sie zu einem solchen Abenteuer Lust haben, aus, in welcher Runde der «Geist» auch Ihnen erscheinen mag. Viel Spaß!

⇨ Lust auf Neues

Optimisten leben glücklicher

Der Pessimist entdeckt an jeder Chance die Schwierigkeiten, der Optimist an jeder Schwierigkeit die Chancen.

L.P. Jacks

Wußten Sie eigentlich, daß das Leben für Optimisten leichter ist als für Pessimisten? Optimisten sind keineswegs gutmütige Narren, die nicht erkennen, wenn das Leben ihnen übel mitspielt. Vielmehr genießen Sie eine gewisse Immunität gegenüber negativen Einwirkungen. Wer immer vom Schlechtesten ausgeht, erlebt meist auch das Schlechteste. Dieses Phänomen ist bekannt unter dem Stichwort «self-fulfilling prophecy» – sich selbst erfüllende Prophezeiung. Warum das so ist? Ganz einfach: Ist Ihnen schon einmal aufgefallen, daß Sie nach der Anschaffung eines neuen Autos plötzlich feststellen, wie viele Autos dieses Typs es auf den Straßen gibt? Fanden Sie nicht auch, daß im Jahr Ihrer Schwangerschaft (oder Ihres Kinderwunschs) extrem viele schwangere Frauen herumliefen? Diese Art der selektiven Wahrnehmung trifft auch für unsere Einstellung gegenüber dem Leben zu. Sind wir optimistisch, erwarten wir nur Positives, so nehmen wir auch vorwiegend das Positive wahr, während das Negative leichter «übersehen» wird. Umgekehrt erhalten negative Erfahrungen einen viel größeren Stellenwert, wenn man sie erwartet und sich sozusagen auf sie eingerichtet hat.

Falls Sie zu den Menschen gehören, die häufiger denken: «Hab' ich es doch gewußt, das konnte ja nicht klappen» oder «Das schaff' ich sowieso nicht», dann sollten Sie sich um eine positivere Grundeinstellung bemühen und sich so die Chance geben, glücklicher, erfolgreicher und sogar gesünder zu leben. Es ist alles eine Frage der inneren Einstellung. Gewöhnen Sie sich an, die Ereignisse von ihrer besten Seite zu sehen, und Sie werden sich nicht mehr soviel ärgern müssen.

Die Grundeinstellung prägt die Wirklichkeit

Diesen Optimismus kann man übrigens erlernen. Machen Sie sich zunächst Ihren Reichtum bewußt. Schreiben Sie einmal auf, worüber Sie dankbar sein können. Sie werden überrascht sein, wie lang Ihre Liste wird (und ansonsten überlegen Sie noch etwas mehr)! Dann betrachten Sie verschiedene Geschehnisse, die sich kürzlich ereignet haben: wichtige und unwichtige, folgenschwere und banale. Sehen Sie zunächst diese Vorkommnisse von ihrer schlechten Seite, dann von ihrer guten.

Vorsatz:
Ich will an allen Dingen und Ereignissen
die positiven Seiten suchen und mich an ihnen freuen.

Um Ihnen ein Beispiel zu nennen: Stellen Sie sich folgende Enttäuschung vor. Sie sind mit einem sehr sympathischen Kollegen zum Essen verabredet, doch er wird im letzten Moment krank und sagt telefonisch ab. Eine pessimistische Reaktion wäre etwa der Gedanke: «Typisch, wenn ich schon mal eine Verabredung habe. Hat er sich etwa mit einer anderen verabredet? Ich bin eben zum Single-Dasein bestimmt.» Als Optimistin aber würden Sie denken: «Aufgeschoben ist nicht aufgehoben.» Sie schicken dem Herrn Blumen, ein Buch oder Vitamintabletten, damit er schneller wieder gesund wird, und nehmen sich vor, an dem Abend der ausgefallenen Verabredung früh zu Bett zu gehen, da Sie ohnehin schon drei Nächte zuwenig geschlafen haben und es Ihnen eigentlich sogar recht ist, die Verabredung zu verschieben. Beim nächsten Termin wollen Sie dafür sorgen, daß Sie besser ausgeschlafen sind.

Es gibt keine schlechten Erfahrungen.

Erwarten Sie von Ihrem Leben das Beste. Gehen Sie davon aus, daß es eigentlich gar keine schlechten Erfahrungen gibt, da jede Erfahrung (ob gut oder «schlecht») an sich schon ein Wert ist: An ihr können Sie wachsen und reifen.

Affirmation:
Ich bin ein Glückskind. Das Leben ist schön, und ich freue mich, daß es so vieles zu bieten hat.

⇨ Zuversicht ist erlernbar / Mein inneres Lächeln

Ängsten ins Gesicht sehen

Das ist nicht der Tapferste, der sich nicht fürchtet,
sondern der die Furcht überwunden hat.

Alter Spruch

Ein großer Teil unserer Kraft und Energie wird durch Ängste gebunden und blockiert. Manche dieser Ängste sind durchaus berechtigt und dienen zu unserem Schutz, etwa die Angst vor Feuer. Fehlte uns diese Angst, würden wir vielleicht in einen Waldbrand laufen, so, wie bestimmte Motten, vom Licht angezogen, in die offene Flamme taumeln und dort verbrennen.
Es gibt aber auch Ängste, die keinen Nutzen haben, sondern uns behindern. Vielfach handelt es sich um diffuse Ängste, die wir frühkindlichen, längst vergessenen Erlebnissen verdanken. Sie quälen uns, gerade weil sie so schwer greifbar sind.

Eine Hilfe im Umgang mit diesen Ängsten ist es, sie zu formulieren. Anstatt sie beiseite zu drängen und zu ignorieren, sollten wir ihnen vielmehr direkt ins Auge sehen. Wenn latente Angstgefühle in Ihnen sind, schreiben Sie auf, was Ihnen Angst macht. Schreiben Sie schnell und ohne lange zu überlegen. Sie können kleine und große Ängste nennen. Anschließend betrachten Sie die genann-

Ängste aussprechen

ten Ängste, und überlegen, wie Sie mit ihnen umgehen könnten.

Beispielsweise versetzen Sie sich einmal in die Situation, daß Sie Ihre Arbeitsstelle verlieren – eine für viele Menschen sehr mit Angst besetzte Vorstellung. Welche persönlichen, sozialen und finanziellen Folgen hätte diese Arbeitslosigkeit? Stellen Sie sich diese in allen Einzelheiten vor. Je genauer und länger man sich das Schreckensbild ansieht, desto faßbarer wird die Bedrohung und desto gezielter kann man sich Strategien im Umgang mit der angstauslösenden Situation überlegen.

Vorsatz:
Heute werde ich mir meine Ängste ansehen und überlegen, mit welchen Schritten ich sie bändigen kann.

Schließlich führen Sie sich vor Augen, wie realistisch die Gefahr der Arbeitslosigkeit überhaupt ist und was Sie gegebenenfalls zur Vermeidung oder im Umgang mit ihr unternehmen können. Nach einer solchen wirklichkeitsnahen Analyse der Situation sieht man sehr viel klarer, und die diffusen Ängste weichen konkreten Vorstellungen über das, was man machen kann.

Mit Ängsten umzugehen ist erlernbar

Üben Sie das Verhalten in ausweglos erscheinenden Situationen. Stellen Sie sich regelmäßig eine Katastrophensituation vor. Sie werden erkennen, daß Sie immer angstfreier an solche möglichen Lebensbedingungen denken und gedanklich mit ihnen umgehen können. Durchlebte Ängste aber setzen Kräfte frei und machen unabhängig. Allerdings sollten Sie diesen Überlegungen keinen großen Raum geben. Täglich einige Minuten reichen aus, dann wenden Sie sich befreit und zuversichtlich Ihrer Wirklichkeit und der Einsicht zu, daß sie Ihnen keinen Grund für Ängste gibt.

⇨ In mich hineinhorchen: eine Körperreise / Zuversicht ist erlernbar / Die Sprache meiner Träume

Affirmation:
Ich vertraue meiner inneren Kraft und
löse mich mehr und mehr
aus den Fesseln meiner Ängste.

Carpe diem

Freut euch, freut euch, freut euch …
Freut euch, seid ohne Sorge,
Schaut auf die Welt
Die Welt ist schön.

María Sabina (Seherin und Heilige der Mazateka)

«Genieße den Tag!» Einfach so. Sich vollkommen in Über-einstimmung mit dem Hier und Jetzt fühlen. Nicht zurückdenken, keinen melancholischen Erinnerungen nachhängen, nicht drängeln, sich auf morgen oder später freuen. Einfach da sein, sich glücklich dem Fließen der Zeit anvertrauen.

Aber wie?

Das finden Sie für sich heraus. Dafür gibt es kein allge-meingültiges Rezept. Alles ist möglich. Nur soviel sollte man beherzigen, besonders wenn man normalerweise nach dem Terminkalender und der Uhr lebt: Um sich wirklich völlig treiben zu lassen, legen Sie von vornherein einen zeitlichen Freiraum fest. Schenken Sie sich einen freien Tag in dem Wissen, daß Sie nichts und alles machen können, gerade so, wie Sie es wünschen.

Zu dem Stichpunkt «carpe diem» habe ich eine Reihe von Frauen interviewt, und viele interessante Anregungen erhalten, unter anderem die folgenden:

«Einfach nur in den Tag hineinleben kann ich am besten im Urlaub, und dort am besten auf einer Luftmatratze auf dem Wasser. Das Wasser und die leichten Wellenbewegungen sind für mich ganz wichtig. Meine Lieblingswochenendbeschäftigung im Sommer ist daher, mit meinem Schlauchboot zu einem nahegelegenen See zu fahren. Im Winter ist es schwieriger. Da bleibe ich am liebsten daheim, kuschele mich in meinem Bett ein und lese.»

Auf den Wellen schaukeln

«Picknicken ist für mich der Inbegriff des In-den-Tag-Hineinlebens. Schon als ich Kind war, zog die Familie sonntags mit gepackten Picknickkörben, Decken und Spielen ins Freie. Manchmal wurde gegrillt, wir haben immer ge-

Picknick im Grünen

Lassen Sie sich einfach einmal treiben, und genießen Sie den Augenblick.

lacht und den ganzen Tag im Freien verbracht, bis wir von der Sonne ganz dösig waren. Ans Picknicken habe ich meine schönsten Kindheitserinnerungen, und heute ist es für mich immer noch der höchste Genuß.»

Tanzen   «Ich tanze wahnsinnig gern, kann mich beim Tanzen völlig vergessen. Leider tanzt mein Mann gar nicht, und ich mag auch nicht mit einem anderen Mann in einen Tanzkurs gehen, das finde ich irgendwie nicht richtig. Aber manchmal gehe ich mit einer Freundin in eine Disco, in die man auch noch mit Dreißig gehen kann, ohne größeres Aufsehen zu erregen. Wir tanzen die ganze Nacht durch, fahren dann zu ihr nach Hause, wo wir uns für ein paar Stunden hinlegen, dann gemütlich frühstücken und hinterher in die Sauna. Wenn ich nach einem solchen 24-Stunden-Ausflug wieder heimkomme, komme ich mir vor, als hätte ich einen richtigen Urlaub hinter mir.»

Städte bereisen   «Abschalten kann ich nur woanders. Deshalb fahre ich oft übers Wochenende weg und seh' mir andere Städte an: Venedig, London, Paris, Straßburg, Prag … Diese Ausflüge kann man meistens günstig buchen, und in einer anderen Umgebung kann ich mich treiben lassen, ohne auf die Uhr zu sehen.»

Nur ansehen   «Wenn ich einen ganzen Tag für mich habe, bummele ich durch die Geschäfte. Ich schaue mir alles an: Bettwäsche, Toilettenartikel, Schmuck, Möbel, Kleidung, alles. Manchmal probiere ich ein Kleid oder einen Nerzmantel an, nur so zum Spaß. Kaufen muß ich gar nichts. Ich tanke auf durch reines Ansehen, so vergesse ich die Zeit völlig. Das macht mir großen Spaß.»

«In unserer Wohnung habe ich einen Wintergarten, der ist mein Reich, meine Rückzugsinsel. Das respektieren alle. Manchmal richte ich ihn neu ein: bemale eine Wand, stelle Pflanzen um und hänge Glaskugeln auf, arrangiere Kerzen neu und meine Sammlung aus Halbedelsteinen. Bei dieser Beschäftigung kann ich alles um mich herum vergessen. Habe ich meinen Wintergarten dann neu gestaltet, fühle ich mich auch innerlich wie ausgekehrt. Meistens habe ich solche Anwandlungen, wenn sich in mir eine Veränderung anbahnt. Es ist, als würde ich mit der Neuinszenierung meines Wintergartens diese Veränderung nach außen tragen. Das hat was ungeheuer Befriedigendes für mich.»

Mein Wintergarten

«Durch meinen Beruf habe ich in der Woche kaum Zeit, in Muße zu kochen und zu essen. Immer geht es schnell, schnell. Meist esse ich irgendwo was im Stehen, zu Hause nur Brote und so. Aber am Wochenende nehme ich mir die Zeit, auf den Markt zu gehen und in aller Ruhe die frischesten und besten Zutaten für ein besonderes Menü einzukaufen. Und dann stehe ich in der Küche und koche aufwendig. Es muß immer ein ganz neues Rezept sein. Die Weine müssen genau zu den einzelnen Gängen passen. Natürlich richte ich auch den äußeren Rahmen perfekt her,

Ein Kochfest

Tischgedecke und -gestecke. Ich überlege mir sogar, wen ich zu welchen Gerichten einlade. In meinem Bekanntenkreis stehe ich in dem Ruf, eine Kochkünstlerin zu sein. Und das freut mich ebenso, wie mir das Kochen selbst Spaß macht.»

Zugvogel

«Jedes Frühjahr überfällt mich der Drang, einfach loszuziehen, egal wohin. Bevor ich aufbreche, weiß ich nicht, was mein Ziel sein wird. Spontan entscheide ich mich, ob ich laufe, mit dem Zug oder Auto fahre oder sogar das Ruderboot nehme und auf einem Fluß entlangziehe. Morgens aufzustehen und zu wissen: «Aha, heute ist es soweit», ist für mich der größte Kick. Ich weiß morgens nicht, wo ich am Abend sein werde – eine unglaublich befreiende Vorstellung. Für mich hat dieses Erlebnis immer mit Angstüberwindung zu tun und damit, daß ich alle Verpflichtungen und Erwartungen hinter mir lasse. Für einen Tag (oder auch ein Wochenende) bin ich frei von allen Fesseln, ich kann mich neu definieren. Diese Ausflüge stellen auch immer eine neue Erfahrung mit mir selbst dar.»

Vorsatz:
Heute will ich mich öffnen
für die Glücksmomente
in den ganz kleinen und
alltäglichen Dingen des
Lebens.

Ein Bad in Musik

«Häufig verbringe ich meine Wochenenden bei meinen Eltern, die ein wunderschön gelegenes Haus an einem einsamen See haben. Im Sommer ist für mich das Schönste, was ich mir vorstellen kann, wenn ich dort bin und zum Klang von Mozarts Klarinettenkonzert in A-Dur schwimme.

Ich stelle die Musik auf der Terrasse ein, dann laufe ich zum See hinunter, ziehe mich völlig aus, und tauche in dem Augenblick ins Wasser ein, wo das Klarinettensolo ertönt. Dann lasse ich mich auf dem Rücken zu diesen wundervollen Klängen treiben. Ich blicke in den Himmel und stelle mir vor, wie die Töne immer weiter hinaufsteigen und mich mit sich forttragen.

Bei einem solchen musikalischen Wassererlebnis kann ich alles andere völlig vergessen. Ich habe den Eindruck, mit der Musik zu verschmelzen. Anschließend fühle ich mich immer wie neugeboren.»

«Seit meiner Kindheit habe ich eine enge Beziehung zum Mond. Schon früh empfand ich es als tröstend, ihn anzusehen und mich in seinem kühl-silbrigen Glanz zu baden. Wenn ich mich traurig und leer fühle, setze ich mich ins Freie und stelle mir vor, wie ich mich mit hellem Mondlicht anfülle. Ich werde dann ruhig und zuversichtlich und empfinde eine ungeheure Sicherheit. Vielleicht hängt das mit einer Geschichte zusammen, die mir meine Großmutter früher von einem kleinen Mädchen erzählte. Es hatte sich verirrt und verbrachte die Nacht zusammengerollt in der Innenseite des Halbmondes, der sie tröstete und beschützte.

Begegnungen mit dem Mond

Meine besondere Liebe gilt dem zunehmenden Mond. Diese Mondphase empfinde ich als Zeit der Hoffnung und des Versprechens. Kreative Arbeit versuche ich in diese Zeit zu verlegen, denn die Energie des Mondwachstums überträgt sich auch auf mich.

Insofern sollte das Motto von Carpe diem in meinem Fall in Carpe lunam verwandelt werden: Mehr noch als den Tag genieße ich die Zeit des Mondes.»

«Die Energie des
zunehmenden Mondes
überträgt sich auch auf
mich.»

Spiele mit Freunden

«Ich spiele leidenschaftlich gern: Karten, Schach, Gesell-
schaftsspiele aller Art. Ich habe eine Spielgruppe gegrün-
det, mit der ich mich einmal wöchentlich treffe. Wir probieren neue Spiele aus oder spielen alte, die uns viel Spaß
machen. Wenn ich spiele, kann ich völlig die Zeit vergessen. Ich glaube, während des Spielens bin ich so was wie
glücklich.

Ein tolles Sprachspiel, das wir kürzlich gespielt haben,
geht so: Wir blättern in Lexika oder Fachwörterbüchern,
bis wir auf ein Wort stoßen, das uns unbekannt ist. Wir
schreiben es auf ein Blatt und notieren dazu die Erklärung.
Dann phantasieren wir drauflos, indem wir uns zwei bis
vier alternative Erklärungen ausdenken. Diese sollten im
Lexikonstil formuliert sein. Auch sie werden auf das Blatt
geschrieben. Schließlich setzen wir unsere Namen darunter, dann werden alle Blätter eingesammelt. Nun werden
die Wörter einzeln mit ihren jeweiligen Erklärungen vorgestellt, und die Spieler sollen erraten, welche Erklärung
wohl die richtige ist. Das ist jedes Mal ein Heidenspaß,

weil die komischsten Begriffe und Erklärungen auftauchen. Anfangs war es relativ leicht, die falschen Erklärungen herauszufiltern, aber mittlerweile sind wir ziemlich geschickte Lexikonformulierer geworden, und es fällt uns immer schwerer, die richtige Definition zu erkennen.

Gut ausgedachte Definitionen werden natürlich belohnt: Wenn niemand die richtige Erklärung erkennt, kriegt derjenige, der das Stichwort bearbeitet hat, so viele Punkte, wie es Ratende gibt. Wird hingegen eine Erklärung erkannt, bekommt der Ratende den Punkt. Gewinner ist derjenige mit den meisten Punkten.»

Affirmation:
Ich bin dankbar für die
vielen Momente
der Freude, die das Leben
mir beschert.

⇨ Glücksmomente

Mein inneres Lächeln

Wir sollten einander stets mit einem Lächeln begegnen,
denn Lächeln ist der Beginn der Liebe.

Mutter Teresa

Lachen ist gesund. Diese alte Volksweisheit ist sogar wissenschaftlich bewiesen, weshalb man in den USA mittlerweile auf Kinderkrebsstationen systematisch mit Hilfe von komödiantischen Situationen, Clowns und Quietschenten die Kinder zum Lachen bringt, um so die Abwehrkraft der geschwächten Körperzellen zu steigern.

Lachen Sie also soviel wie möglich, nicht nur zur Stärkung des körpereigenen Immunsystems und zur Vermeidung von Krankheiten, sondern einfach, um Ihre Grundgestimmtheit zu erhöhen und sich in eine höhere Energieschwingung zu bringen. Sehen Sie die Dinge von der heiteren Seite. Auch diese Perspektive läßt sich trainieren, so wie man sich zum Optimismus erziehen kann.

Natürlich rede ich hier nicht von einer unnatürlichen Albernheit, bei der man bei jeder passenden und unpassenden Situation in künstliches Gelächter ausbricht. Mit Lachen ist hier nur das ernstgemeinte, natürliche Lachen gemeint, das von Herzen bzw. aus dem Bauch kommt. Auch ein Lächeln verhilft zu einer ähnlich heiteren Grundstimmung.

Nach taoistischer Sicht ist das sogenannte innere Lächeln, mit dem man sich unabhängig von äußeren die Heiterkeit erregenden Anlässen schafft, eine präventive Gesundheitsmaßnahme. Diese Methode hat viel für sich. Machen Sie einmal folgenden Test: Geben Sie Ihrem Gesicht verschiedene Ausdrücke, einen düsteren, wütenden, aggressiven, angespannten auf der einen Seite, und andererseits blicken Sie friedlich, heiter, entspannt, fröhlich und lächelnd drein. Sie werden feststellen, daß sich auch Ihre Gefühle leicht verändern, je nachdem, welchen Gesichtsausdruck Sie annehmen. Mit einem lächelnden Gesicht fällt es einem leichter, sich heiter und friedlich zu fühlen.

Das echte Lachen oder Lächeln hält gesund

Begegnen Sie sich selbst und der Welt mit einem Lächeln.

Lächeln Sie sich selbst an, wann immer Sie in einen Spiegel sehen, begrüßen Sie sich morgens lächelnd, und lächeln Sie sich abends vor dem Einschlafen noch einmal zu. Hier können Sie meditativ Ihren Körper besuchen und Ihre Organe dankbar anlächeln. Sie danken es Ihnen mit Gesundheit.

Affirmation:
Ich lächle und spüre, wie
sich mein Lächeln
in meinem ganzen Körper
ausbreitet und über mich
hinausstrahlt.

Und schließlich gehen Sie lächelnd leichter durch das Leben. Empfinden Sie es nicht als angenehm, wenn Sie von anderen Menschen angelächelt werden? Geben Sie dieses Lächeln zurück. Sie werden einen freundlichen zwischenmenschlichen Austausch pflegen, entspannt und unproblematisch.

⇨ Optimisten leben glücklicher

Hilfreiche Rituale

Mit dem Ritual ziehen wir das Heilige an.
Das Ritual ist der Funke, der nicht verlöschen darf.

Christina Baldwin

Ursprünglich besteht ein Ritual aus einer festgelegten Reihenfolge immer gleicher kultischer Handlungen, die den Zugang zu einer religiösen oder spirituellen Sphäre eröffnen. Rituale können ganz unterschiedlicher Art sein. Gemeinsam ist ihnen, daß sie einer festgelegten Ordnung folgen und uns ein bestimmtes Signal geben. Dies läßt sich auch auf alltägliche Bereiche unseres Lebens übertragen. So kann man beispielsweise das abendliche Tischdecken als Ritual bezeichnen, mit dem wir der Familie zu verstehen geben, daß es bald Zeit zum Abendessen ist.

Bereits in Kindergarten und Schule lernen die Kinder viele Rituale kennen, die ihren Tag zeitlich strukturieren: die Freispielphasen, die Frühstückspause, das Spiel im Freien bzw. die Aufwärmübung zu Beginn der Turnstunde, der Gong, der eine Unterrichtsstunde beendet usw. Solche Rituale setzen sich im Erwachsenenleben fort. Jeder kennt die zahllosen kleinen Gewohnheiten, die den Arbeitsalltag durchziehen. Viele von ihnen geben hilfreiche Signale, allerdings sollte man darauf achten, daß man sich nicht

Unseren Alltag durchziehen viele Rituale

allzu abhängig von ihnen macht. Es tut immer gut, seine Gewohnheiten zu verändern und das Leben mit neuen Ritualen zu bereichern, auch wenn es zunächst irritierend wirken mag.

Feste Gewohnheiten, ritualisiertes Handeln ist für die meisten Menschen eine große Hilfe, die Probleme des Alltags zu bewältigen. Ich habe viele Frauen nach ihren persönlichen Ritualen befragt und interessante Antworten erhalten:

X *Die saubere Brille*   «Wenn ich meinen Arbeitstag beendet habe und vom Büro nach Hause komme, fühle ich mich oft ziemlich müde. Ich lege mich zehn Minuten hin, schließe die Augen und entspanne mich. Dann wasche ich mir das Gesicht mit kaltem Wasser und putze gründlich meine Brille. Das hilft mir, für die weiteren Stunden des Tages frisch zu sein. Der klare Blick durch die gereinigten Brillengläser wirkt auf mich wie ein Muntermacher.»

Trostgespräche   «Als ich mein zweites Kind bekam, war meine ältere Tochter ziemlich unglücklich. Die damals Vierjährige machte nachts wieder ins Bett, lutschte Daumen und zog sich sehr zurück. Damals ritualisierten wir unser Trostgespräch. Jeden Mittag, wenn das Baby schlief, spielten wir mit Handpuppen Szenen durch, in denen die Ängste des ‹entthronten› erstgeborenen Kindes im weitesten Sinne Thema waren. Die wichtigste Puppe hieß Amanda und mußte wirklich viel durchmachen in ihrem Puppenleben. Denn die Amanda-Trostgespräche taten uns beiden, meiner

Tochter und mir, so gut, daß wir nie richtig damit aufgehört haben. Heute ist meine Tochter 23 Jahre alt und wohnt nicht mehr zu Hause. Aber Amanda ist noch da, und wenn ich traurig bin, setze ich Amanda in meine Nähe und rede mit ihr.

Auch im Gespräch mit meiner Tochter spielt Amanda noch eine Rolle. Wenn sie nicht weiter weiß, ruft sie mich an oder besucht mich und kommt ziemlich schnell zur Sache: ‹Was, glaubst du, würde Amanda tun, wenn sie folgendes Problem hätte …› Ich bin wirklich sehr froh, daß wir ein Ritual gefunden haben, das sowohl meiner Tochter als auch mir hilft, in schwierigen Situationen über unsere Probleme zu sprechen und sie auszuagieren. Denn auf Amanda ist Verlaß.»

«Wenn ich niedergeschlagen bin, hilft es mir sehr, von Menschen, die mich uneingeschränkt lieben, aufgebaut zu werden: von meiner Mutter, meiner Großmutter und meinem Großvater.

Briefe aus dem Jenseits X

Meine Großeltern sind beide gestorben, und meine Mutter wohnt weit weg. Aber ich habe einen guten Weg gefunden, sie zu mir sprechen zu lassen: Ich schreibe mir einen Brief aus der Sicht von einem dieser drei geliebten Menschen. Ich versetze mich beispielsweise in meinen Großvater, der mich grenzenlos liebte. Schon als ich ganz klein war, durfte ich ihn oft begleiten. Er erklärte und zeigte mir alles, und er freute sich über alles, was ich tat und sagte. In seinen Augen war ich fehlerlos. Alles war richtig und schön. In seiner Nähe hatte ich die besten Einfälle, war am geschicktesten und in jeder Hinsicht liebenswert. Wenn mein Großvater mir also heute schreibt, so erzählt er mir, welch kluger Mensch ich geworden bin, wie stolz er auf mich, meine Entscheidungen und Handlungen ist und wie sehr er mir vertraut, daß ich mein Leben gut lebe.

Ähnlich positiv reagieren auch meine Großmutter und Mutter auf mich, und ein Brief von ihnen, auch wenn er fiktiv ist und ich ihn quasi an ihrer Stelle schreibe, hilft mir sehr, meine gewohnte Selbstsicherheit und mein Vertrauen wiederzufinden.»

Eine Rose für einen gelungenen Abschluß

«Manche Männer schenken ihren Frauen ein Schmuckstück, wenn diese ihnen ein Kind geboren haben, und pflanzen vielleicht auch noch einen Baum. Ich habe für mich ein ganz kleines Ritual eingerichtet, das mir viel Befriedigung gibt: Jedesmal, wenn ich eine Arbeit fertiggestellt habe, z.B. einen Fall erfolgreich abgeschlossen und

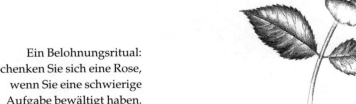

Ein Belohnungsritual: Schenken Sie sich eine Rose, wenn Sie eine schwierige Aufgabe bewältigt haben.

einer Mandantin zu ihrem Recht verholfen habe, gehe ich in ein Blumengeschäft und suche mir dort die schönste langstielige Rose aus. Einige Tage bleibt sie als ‹Solitär› auf meinem Schreibtisch stehen. Dann trockne ich sie und stelle sie zu den anderen getrockneten Rosen, die mittlerweile einen eindrucksvollen Strauß darstellen und mir die vielen erfolgreich abgeschlossenen Fälle vor Augen führen.»

Affirmation:
Ich mache mir bewußt,
welche Rituale
ich befolge und wie sie mir
helfen.

⇨ Sich Erleichterung verschaffen

Loslassen

Die Mutter-Kind-Beziehung ist paradox und in gewisser
    Hinsicht tragisch.
Sie verlangt von der Mutter die intensivste Liebe,
    und doch muß gerade
diese Liebe dem Kind dabei helfen, sich von der Mutter weg
    zu entwickeln und
absolut unabhängig zu werden.

Erich Fromm

Eine gute Freundin meiner Mutter erlebte Fürchterliches:
Ihr Leben lang hatte sie sich fast ausschließlich um ihre
zwei Kinder gekümmert. Ihr Mann war früh gestorben,
und sie hatte sich mit doppeltem Elan in die Kindererziehung gestürzt. Keine Mühen hatte sie gescheut. An allem
nahm sie Anteil. Immer war sie zur Stelle, wenn die Tochter
zum Reiten gefahren werden wollte und der Sohn von der
Disco abgeholt werden mußte. Immer war sie da, erwartete
ihre Kinder schon ungeduldig, wenn sie von der Schule
heimkamen, war über alles bestens informiert, was ihre
Kinder betraf, und kümmerte sich auch um deren Freunde.

Trotz aller Bequemlichkeit, die ihre Mutter ihnen zu
Hause bot, zogen die beiden früh aus und mit einem Partner zusammen, den sie der Mutter nur widerstrebend vor-
stellten. Jahrelang hielten sie ihre Mutter auf Distanz, was
diese sehr kränkte. Das änderte sich erst, als sie einen
Mann kennenlernte, mit dem sie ihre Freizeit verbrachte.
Da näherten sich auch die Kinder ihr wieder an. Sie hatten
sich vorher so stark von der Mutter vereinnahmt gefühlt,
daß sie sich aus dieser einengenden Nähe nur durch einen
drastischen Bruch zu befreien wußten.

Wir Frauen sollten uns der Gefahren bewußt sein, die wir heraufbeschwören, wenn wir unsere Kinder nicht rechtzeitig loslassen können. Kinder zu erziehen ist ein Prozeß, bei dem wir ununterbrochen Abschied nehmen.

Kindererziehung ist ein ständiges Abschiednehmen

Die enge Bindung zwischen Mutter und Kind lockert sich, je größer und selbständiger das Kind wird. Noch während es Baby ist, finden Veränderungen statt, auf welche die Mutter sich einstellen muß: Das Kind entwickelt seinen Freiheitsdrang, will zunehmend selbst machen, was die Mutter ihm vorher abgenommen hat. Weitere Etappen der Loslösung beginnen, wenn Mutter und Kind regelmäßig für längere Zeit voneinander getrennt werden, etwa wenn das Kind in den Kindergarten kommt. Der Selbständigkeitsradius des Kindes erweitert sich stetig. Irgendwann verreist es zum ersten Mal ohne die Eltern, schließt innige Freundschaften und verläßt eines Tages das Elternhaus, um auf eigenen Füßen zu stehen.

Diese Entwicklung ist natürlich sehr positiv, und je selbständiger unser Kind wird, desto mehr sollten wir uns freuen und bestätigt fühlen. Nur wenn wir es auch wirklich loslassen, kann es sein eigenes Leben froh und selbstbestimmt führen.

Falls es Ihnen schwerfällt, Ihr Kind loszulassen, erinnern Sie sich an Ihre eigene Kindheit, insbesondere die Zeit der Pubertät. Was haben Sie an Ihrer Mutter geliebt und was gehaßt? Wie reagierten Sie auf das mütterliche Vertrauen bzw. Mißtrauen? Wann fühlten Sie sich ihrer Mutter nahe, und wann wären Sie am liebsten fortgelaufen?

Damit ich leichter loslasse

Sie können die Loslösung von Ihrer eigenen Tochter oder Ihrem Sohn leichter ertragen, wenn Sie diesen Prozeß als etwas Schönes und Positives visualisieren.

Anleitung:
Meditation zum leichteren
Loslassen

Entspannen Sie sich. Atmen Sie mehrmals tief ein. Denken Sie an nichts. Dann stellen Sie sich vor, Sie wären ein Vogel und könnten fliegen. Sie breiten die Flügel aus und erheben sich in die Lüfte. Immer höher tragen Sie Ihre Schwingen, über kühle blaue Wälder, glitzernde Seen, sanfte Berg-

Stellen Sie sich vor, Sie wären ein Vogel und könnten fliegen …

landschaften hoch hinauf in die Sonne. Deren Gold erfüllt Sie, und Sie spüren grenzenlose Freiheit und unendliches Glück.

Nach diesem berauschenden Flug kehren Sie zu Ihrem Nest zurück. Ihr Junges ist jetzt flügge geworden. Seit einigen Tagen übt es erste ungelenke Flugbewegungen, und es wird immer kräftiger. Sie selbst empfinden eine gewisse unruhige Ungeduld. Denn erst wenn Ihr Junges sicher fliegt, ist es vor den Gefahren gefeit, die ringsum lauern: den Katzen und den größeren Tieren des Waldes. Erst dann können Sie wirklich ruhig sein.

Heute ist der große Tag: Sie setzen sich auf einen Ast und rufen Ihr Vogelkind zu sich. Es hockt sich neben Sie, ängstlich und erwartungsvoll zugleich. Sie ermutigen es zu fliegen – und es stößt sich ab. Zuerst fällt es nach unten, doch dann breitet es seine Flügel aus und schwingt sich nach oben. Sie stoßen einen Triumphschrei aus: Ihr Kind hat es geschafft!

Nun öffnen Sie allmählich die Augen. Versuchen Sie, das Gefühl von Glück und Stolz weiterhin zu empfinden, und übertragen Sie es auf die Selbständigkeit, die Ihr Kind bisher erreicht hat. Es wird Sie nicht weniger lieben, wenn Sie es los- und allein fliegen lassen.

Affirmation:
Ich verabschiede mich von der Phase, die nun hinter mir liegt. Sie war sehr schön. Erwartungsvoll wende ich mich dem Neuen zu.

⇨ Sich Erleichterung verschaffen

Zeitmanagement

Ich muß die Uhr beherrschen und
darf mich nicht von ihr beherrschen lassen.

Golda Meir

Organisation ist Geld wert. Das wissen all diejenigen, die eine fähige Sekretärin schätzen. Die meisten Frauen haben ein wunderbares Organisationstalent – und setzen es doch nicht für ihre eigenen Interessen ein.

Falls Sie beruflich, im Haushalt und in der Organisation der Kinder eine begabte Managerin sind, dann wird es allerhöchste Zeit, diese Fähigkeit für sich selbst einzusetzen.

Aufgaben an andere delegieren
Zeitmanagement setzt dort ein, wo Sie Aufgaben delegieren. Wenn Sie einige Routinearbeiten auf Ihre Kinder verteilen, gewinnen Sie zeitlich und gedanklich schon Freiräume. Je nach Alter können Ihre Kinder einkaufen, Müll wegtragen, die Spülmaschine ausräumen, abtrocknen, das Waschbecken säubern, Schuhe putzen, saugen … Sie können die Erledigung solcher Tätigkeiten durchaus von Ihren Kindern verlangen, vorausgesetzt, sie sind altersangemessen. Die Kinder lernen dadurch Dinge, die sie für ihr eigenes späteres Leben ohnehin wissen müssen, und außerdem machen Mütter häufig die Erfahrung, daß den Kindern bestimmte Arbeiten sogar Vergnügen berei-

ten. Die Pflichten der Kinder dürfen in dem Maße zuneh-
men, wie sie auch mehr Rechte erhalten. Die Höhe oder
gar die Auszahlung des regelmäßigen Taschengeldes
sollte aber unabhängig von den Haushaltspflichten sein.
Die Kinder sollen lernen, daß sie einen Teil der Verantwor-
tung für die Familie mittragen. Etwas anderes ist es, wenn
die Kinder sich zusätzlich Geld für außergewöhnliche Arbeiten verdienen wollen, etwa wenn sie den Keller aufräumen und säubern, ein Zimmer streichen o.ä. Hier sollte die
Aufgabe natürlich ebenfalls dem Alter angemessen sein.

Auch der Partner kann bestimmte Aufgaben übernehmen, ja, in einer partnerschaftlichen Beziehung ist dies eigentlich eine Selbstverständlichkeit. Ist der andere beruflich so stark eingebunden, daß er sich während der Woche
nicht für Familien- und Haushaltspflichten engagieren
kann, so sollte er am Wochenende eine regelmäßige Aufgabe übernehmen, z.B. Gartenarbeit, Wochenendeinkauf
erledigen oder eine Mahlzeit kochen.

Falls Ihnen die Sisyphusarbeit des Saubermachens auf die
Nerven geht, spricht vieles dafür, eine Putzhilfe in Anspruch zu nehmen. Auch wenn Sie dafür auf etwas verzichten müssen, lohnt sich das Geld, das Sie für diese Un-
terstützung aufbringen. Anstatt zu putzen, können Sie
sich in dieser Zeit pflegen, weiterbilden, Hobbys nachge-
hen, entspannen oder auch mit einer interessanteren
Tätigkeit Geld verdienen. Und Ihre Familie merkt den
Unterschied ebenso wie Sie, denn eine ausgeglichene,
fröhliche Mutter vermittelt ihren Kindern Selbstsicherheit
und Vertrauen.

Die Geldausgabe für eine Haushaltshilfe lohnt sich immer

Auch die Freizeit braucht Planung

Ein wichtiger Aspekt des Zeitmanagements ist Planung. Sie sollten wissen, was Sie mit der frei gewordenen Zeit anstellen, in der andere mit Hausarbeiten beschäftigt sind. Wenn Sie getrieben sind von der Vorstellung, die anderen erledigten die Aufgaben nicht richtig, wenn Sie alles kontrollieren und nachbessern, können Sie es gleich sein lassen. Das bringt für alle Beteiligten nur Frust. Lassen Sie Fünfe gerade sein, und bestimmen Sie von vornherein die frei gewordene Zeit für wohltuende Aktivitäten: Wenn die Putzhilfe kommt, gehen Sie in die Stadt, zum Schwimmen oder zu Ihrem Volkshochschulkurs. Während die Kinder aufräumen, ziehen Sie sich an einen stillen Ort zurück und lesen. Wenn Ihr Mann den Sonntagsbraten vorbereitet, joggen Sie oder gehen ins Fitneßstudio.

Hausarbeit mit Köpfchen

Niemand weiß besser als eine Hausfrau, daß man seine Arbeit rationalisieren kann. Sie können täglich einkaufen und die Mahlzeiten vorbereiten, damit sind Sie sicher zwei Stunden beschäftigt. Sie können aber auch zweimal in der Woche einkaufen, die doppelte Mahlzeitmenge zubereiten und die Hälfte einfrieren. So halbieren Sie die für Mahlzeiten notwendige Zeit. Suchen Sie gezielt nach Möglichkeiten, sich beliefern zu lassen. Vielerorts gibt es günstige Getränkedienste, Tiefkühlservice und sogar Frischkostlieferungen, zunehmend auch von Ökobauern.

Vorsatz:
Ich achte im Tagesverlauf auf unnötige Handlungen, die ich mir sparen kann.

Kaufen Sie auf Vorrat. Es ist nicht nötig, sich dreimal im Monat auf die Suche nach einem Geschenk zu machen. Die Geburtstage Ihrer Verwandten, Freunde und der

Freunde Ihrer Kinder notieren Sie auf einem eigenen Kalender und kaufen die Geschenke im voraus. Vielleicht können Sie ähnliche Geschenke besorgen, Bücher, CDs oder Eintrittskarten und die Einkäufe auf wenige Geschäfte beschränken.

Beziehen Sie Ihre Energiekurve in die Planung ein. Erledigen Sie unangenehme Routinepflichten, wenn Sie ohnehin zu nichts anderem in der Lage sind, und nutzen Sie die Zeit, in der Sie sich tatkräftig und voller Energie fühlen, für die Dinge, die Ihnen Spaß machen. Wenn Sie sich die ganze Woche auf das Tennis-, Tischtennis- oder Badmintonspiel mit Ihrer Freundin oder auf die Bootsfahrt mit Ihren Kindern freuen, wäre es schade, wenn dies dann zu einer Zeit stattfände, wo Sie müde und ausgepowert sind. Umgekehrt bietet es sich an, die Bügelarbeit abends beim Fernsehen zu erledigen oder nach der Arbeit auf der Terrasse Gemüse zu putzen und dabei Musik zu hören.

Die eigene Energiekurve einbeziehen

Unnötig energiezehrend ist übrigens Arbeit, die man vor sich herschiebt. Sie raubt uns Zeit, da wir, anstatt die Arbeit in Angriff zu nehmen, erst einmal zu einer Ersatzhandlung Zuflucht nehmen, z. B. eine Tasse Kaffee zu trinken. Zudem ist die Vorstellung belastend, einen riesigen Berg von mehr oder weniger Unangenehmem vor sich zu haben. Wir können uns ja doch kaum auf anderes konzentrieren. Eine relativ einfache Methode ist es, sich Teilziele zu setzen. Dann kann man die Arbeit leichter überschauen und besser planen.

Setzen Sie sich lieber kleine Ziele, anstatt einen riesigen Berg vor sich herzuschieben

Wenn Sie beispielsweise nicht wissen, wo Sie bei der Systematisierung alter Fotos überhaupt anfangen sollen, so nehmen Sie sich erst einmal vor, Ihre Bilder in eine zeitliche Reihenfolge zu bringen. In einem zweiten Schritt wählen Sie die Fotos aus, die Sie in Alben einkleben oder gegebenenfalls verschenken möchten. Oder Sie suchen erst einmal alle Fotos heraus, die Ihre Kinder/Geschwister/Freunde betreffen und die Sie ihnen vielleicht zu einem markanten Datum (wie ihrer Hochzeit) später einmal schenken wollen. Durch die Unterteilung in Einzelschritte läßt sich eine kaum zu lösende Aufgabe bewältigen.

Eine vernünftige Wohnungseinrichtung spart Energie

Ein nicht zu unterschätzender Faktor zur ökonomischen Erledigung gewisser Hausarbeiten ist die Anordnung der Zimmer in Ihrem Haus und der Möbel darin. Beispielsweise ist die Verteilung von Küche und Eßzimmer auf zwei Etagen unnötig ermüdend (und zum Glück heutzutage selten). Aber auch innerhalb der Küche kann man sich viele überflüssige Bewegungen ersparen. Häufig benutzte Utensilien sollten in Schulterhöhe angebracht sein. Muß man sich jedesmal zu einer unteren Schublade bücken, um Gewürze, Kochlöffel und Küchenmesser hervorzuholen, verbraucht man nachweislich dreimal soviel Energie, als wenn diese Utensilien in Griffhöhe sind.

Hausarbeit mit Köpfchen spart Zeit, die Sie sinnvoller für die Beschäftigung mit schönen und vergnüglichen Tätigkeiten verwenden.

Für längere Autofahrten lohnt es sich, vorher Literaturkassetten aus der Stadtbücherei zu besorgen. Fast alle Bücher der Weltliteratur sind, von Schauspielern vorgelesen, auf Kassette oder CD festgehalten. So legen Sie einen Weg zurück und konzentrieren sich gleichzeitig auf eine spannende oder interessante, auf jeden Fall aber bildende Lektüre. Übrigens hören auch meine Kinder gern zu, worüber ich mich freue, da sie normalerweise keine ausgeprägten Leseratten sind.

«Lesen» und Lernen beim Autofahren

Für kürzere, regelmäßige Autofahrten, wie z. B. zur Arbeit oder zum Einkaufen, kann man Sprachkassetten hören. Diese sind oft in kleine, überschaubare Übungen unterteilt. So können Sie sich unterwegs im Gebrauch des französischen Teilungsartikels üben oder lernen, wie man beim Italiener formvollendet Pasta bestellt. Und Sprachkassetten sind auch was für Ihre Kinder: Die Kleinen hören sich schnell ein und sprechen bald schon komplizierte Sätze nach; die Großen danken's Ihnen ganz besonders, wenn sie endlich das Geheimnis der bis dahin undurchschaubaren «If-Sätze» erfaßt haben.

Affirmation:
Indem ich meine Zeit
sinnvoll plane,
lebe ich bewußter und
kreativer.

⇨ Lebensplanung / Im Gleichgewicht zwischen Egoismus und Altruismus / Wichtiges von Unwichtigem unterscheiden

Was heißt hier Altern?

Man ist so alt, wie man sich fühlt.

Volksweisheit

Seit jeher sind die Menschen aller Völker und Kulturen auf der Suche nach dem Geheimnis der ewigen Jugend. In nahezu jeder Kultur wurden (und werden) Strategien entwickelt, um länger jung und gesund zu bleiben, ob es sich nun um ayurvedische oder taoistische Traditionen handelt, um Eingeborenenstämme oder um die moderne westliche Wissenschaft.

Begreifen wir das Altern als etwas Natürliches, als einen Prozeß, der seine Zeichen der Reife und Erfahrenheit innerlich wie äußerlich an uns hinterläßt, so können wir gelassen altern. Gleichwohl verfügen wir über Möglichkeiten, bestimmten Zellalterungsprozessen entgegenzuwirken, zumal wenn es sich um Oxidationsprozesse und den Angriff der berüchtigten freien Radikale auf die Zellmembran handelt. So wie Sauerstoff Butter ranzig werden läßt, führt er auch im Körper zu schädigenden Oxidationsprozessen. Sie beschleunigen Alterungsvorgänge und sind vermutlich für über 60 Krankheiten verantwortlich, darunter Krebs, Alzheimer und Herzleiden.

Experimente mit Mäusen haben gezeigt, daß alte Mäuse dramatisch jünger werden, wenn man ihnen die Zirbeldrüse von jungen Mäusen einpflanzt, und umgekehrt. Die Zirbeldrüse ist auch beim Menschen ein erbsenkleiner Anhang im Gehirn. Nachts produziert sie das Jungbrunnenhormon Melatonin und tags das Wohlfühlhormon Serotonin. Melatonin ist zu einem großen Teil verantwortlich für die Entschärfung freier Radikale im Körper und schützt somit das Immunsystem. Beachten Sie die folgenden Tips zu einer Lebensweise, welche die körpereigene Melatoninproduktion unterstützt und somit Alterungsvorgänge verlangsamt:

Wie können wir unseren Körper vor vorzeitigem Altern schützen?

- Suchen Sie tagsüber das Sonnenlicht.
- Schlafen Sie nachts in einem dunklen Zimmer.
- Schlafen Sie ausreichend.
- Unterstützen Sie Ihre innere Uhr durch einen regelmäßigen Tagesablauf.
- Gehen Sie im Winter häufig ins Freie, bewegen Sie sich viel, und essen Sie viel frisches Obst und Gemüse.
- Vermeiden Sie Streß.
- Sportliche Betätigung im Freien regt Ihre Melatonin- und Serotoninproduktion an.
- Nikotin und Koffein verlangsamen die Zirbeldrüsenaktivität und belasten den Körper mit einer Flut an freien Radikalen.
- Sorgen Sie für ausreichende Einnahme der Vitamine C, E und des Beta-Carotins als wertvolle Bekämpfer der freien Radikale.

Auch die Thymusdrüse, die sich hinter dem oberen Teil des Brustbeins befindet, spielt eine wesentliche Rolle bei Alterungsvorgängen. Sie koordiniert das Immunsystem und produziert u. a. das Immunhormon Thymulin, das seinerseits für die Produktion der T-Zellen verantwortlich ist, die Krankheiten abwehren. In der Jugend ist die Thymusdrüse faustgroß, nach der Pubertät aber schrumpft sie, so daß sie bei alten Menschen kaum noch wahrnehmbar ist. Dies ist ein Grund dafür, daß die Todesrate durch Grippeerkrankungen bei Siebzigjährigen 35-mal höher ist als bei Zehnjährigen.

Zink – ein wichtiger Stoff gegen das Altern

Lassen Sie es nicht so weit kommen, daß Ihre Thymusdrüse vorzeitig ihre Arbeit einschränkt oder sogar einstellt. Die regelmäßige Einnahme von Zink stimuliert die Thymusdrüse. Wenn Sie keinen Zinkmangel in Ihrem Körper entstehen lassen, bleibt Ihre Thymusdrüse aktiv. Zink ist vor allem in Kürbiskernen enthalten, zudem in Geflügel, Fleisch und Meeresfrüchten. Es gibt auch Zinkpräparate in der Apotheke, allerdings sollte man nicht mehr als täglich 15 bis 30 Milligramm Zink einnehmen. Sprechen Sie die medikamentöse Zinkeinnahme mit einem Arzt ab.

Auch die östliche Tradition kennt die große Bedeutung der Thymusdrüse. Dort wird sie durch regelmäßige Klopfbewegungen gegen die Brust stimuliert, und zwar an der Stelle, wo die beiden Brustbeinknochen zusammentreffen.

Als Nahrungsergänzung gegen das Altern schlägt die amerikanische Ernährungsexpertin Jean Carper folgende «zehn elementaren Tabletten fürs Jungbleiben» vor:

täglich

- 1 Multivitamintablette mit Vitaminen, Mineralien und Spurenelementen
- Vitamin E: 100 bis 400 IE (= Internationale Einheiten)
- Vitamin C: 500 bis 1500 mg
- Beta-Carotin: 10 bis 15 mg
- Chrom: 200 µg
- Kalzium: 500 bis 1500 mg
- Zink: 15 bis 30 mg (bereits in vielen Vitamintabletten enthalten)
- Selen: 50 bis 200 µg
- Magnesium: 200 bis 300 mg
- Co-Enzym-Q-10: 30 mg
- zusätzlich evtl. Vitamin B einschließlich Folsäure[11]

Wer sich aber gesund ernährt, kann auf Vitamintabletten verzichten: Eine spezielle Ernährungsstrategie gegen das Altern ist bei genauerer Betrachtung nichts anderes als eine gesunde, abwechslungsreiche Kost, die viele Menschen ohnehin normalerweise zu sich nehmen:

- Obst und Gemüse (soviel wie möglich)
- Fisch (zwei- bis dreimal wöchentlich, insbesondere: Lachs, Makrele, Sardinen, Thunfisch und Hering)
- Tee (enthält viele Antioxidantien)
- Sojabohnen und Sojabohnenprodukte (ebenfalls voller Antioxidantien)
- Pflanzenöle mit überwiegend einfach gesättigten Fettsäuren, wie Olivenöl
- wenig Fleisch
- möglichst keinen Alkohol

Tabletteneinnahme gegen das Altern?

Vorsatz:
Ich werde pfleglich mit mir umgehen, um vorzeitiges Altern
zu vermeiden, aber ich will mich innerlich dem natürlichen
Alterungsprozeß nicht widersetzen, sondern ihn als einen freundlichen Begleiter auf meinem Lebensweg betrachten.

11 Jean Carper: *Jungbrunnen Nahrung. Mit der richtigen Ernährung jung, fit und gesund bleiben.* Düsseldorf 1996, S. 264.

- möglichst wenig Süßigkeiten
- Knoblauch
- Joghurt

Altern bedeutet Reifen

Auch wenn wir die genannten Vorschläge befolgen, verhindern wir natürlich nicht, daß wir älter werden. Das eigene Altern als etwas Positives zu begreifen sollte unser Ziel sein. Wir werden immer reicher an Erfahrungen, immer reifer und gelassener. Aber auch für die innere Reife des Alters müssen wir etwas tun – ebenso wie wir mit einer gesunden Ernährung und Lebensweise den körperlichen Alterungsvorgang hemmen können: Wenn wir uns einfach zurücklehnen und darauf warten, daß das Älterwerden an sich schon zu geistiger Größe führt, irren wir uns. Im Gegenteil: Wir sollten niemals nachlassen in dem Bemühen, uns zu vervollkommnen, intellektuell, emotional und in unserem Verhalten gegenüber unserer Umwelt. Wirkliche Weisheit erlangen wir, wenn wir lebenslang lernbereit und offen für Veränderungen sind und uns eine gewisse Kritikfähigkeit uns selbst gegenüber erhalten.

Affirmation:
Ich bin die Summe meiner
Erfahrungen,
und darauf bin ich stolz.
Hier will ich nicht
stehenbleiben,
sondern weiter neue,
interessante Veränderungen
erfahren.

⇨ Die körpereigenen Drogen aktivieren / Gesund und schön

Lust auf Neues

Kein Vogel fliegt zu hoch, solange die Kraft
seiner eigenen Flügel ihn emporträgt.

William Blake

Solange wir auf eingefahrenen Gleisen und nach einem er-
probten Schema leben, kann uns kaum etwas passieren.
Wir kennen alle Möglichkeiten, können mit ziemlicher Sicherheit vorhersagen, wie unser Leben in einem Jahr oder
in zehn Jahren aussieht. Eine solche auf Sicherheit set-
zende Lebensplanung hat ihre Vorteile. Sie birgt aber auch
die Gefahr, daß wir uns unserer Sache zu sicher und phan-
tasielos werden – und irgendwann böse auf die Nase fallen.

Wenn wir uns hingegen bewußtmachen, daß es über unseren Horizont hinaus noch eine Vielfalt an anderen Wirklichkeiten gibt, wenn wir uns unsere Neugier auf diese
Wirklichkeiten erhalten und den Kontakt zu ihnen suchen,
lernen wir über unsere Grenzen hinaus zu sehen.

*Die Neugier lebendig
erhalten*

Die Erprobung der eigenen Grenzen führt häufig über den
unbequemen Weg der Verunsicherung. Auf unbekanntem
Gebiet macht man leichter Fehler, blamiert sich, fühlt sich

*Die eigenen Grenzen
erproben*

allein und hilflos. Es braucht also Mut, sich auf etwas Neues und Fremdes einzulassen. Hat man aber diese Erfahrung gemacht, ist man möglicherweise dabei auf die Nase gefallen, so kann man doch mit Stolz feststellen, daß man die Grenze ein Stück weiter gerückt hat. Die eigenen Möglichkeiten haben sich vergrößert.

Je mehr Mut wir aufbringen, immer ein kleines Stückchen weiterzugehen, desto umfassender wird unsere Persönlichkeit. Das klassische Gegenbeispiel sind die Frauen, die sich vollkommen auf ihre Familie konzentrieren und ihr ganzes Denken und Handeln auf Mann und Kinder richten. Wenn man wie sie alles auf eine Karte setzt und das eigene Rollenspektrum so stark einschränkt, ist man leicht zu erschüttern. Sobald diese eine Karte ausgereizt ist, z.B. wenn die Kinder aus dem Haus gehen oder der Mann sich nach 30jähriger Ehe scheiden lassen will, geht diesen Frauen ihr Lebenssinn verloren. Sie fallen meist in ein tiefes Loch der Depression.

Investieren Sie in sich selbst   Damit Sie vor solchen dramatischen Einbrüchen gefeit sind, investieren Sie frühzeitig in Ihr Selbst: Bauen Sie Ihre Persönlichkeit zu einem vielfältigen Rollenbündel aus. Seien Sie Ehefrau und Mutter, Berufstätige und Faulenzerin, Freundin und Geliebte, Tänzerin und Malerin, Gärtnerin und Köchin, Nachbarin und Expertin, Leserin und Lernende und noch vieles mehr. Alle diese Aspekte Ihrer Persönlichkeit müssen gepflegt und ernst genommen werden, was um so leichter fällt, als sie Ihnen in erster Linie ja Spaß machen.

Und was heißt das nun konkret? Gehen Sie mit kleinen Schritten den Weg des Neuen. Überlegen Sie einmal, wie oft Sie andere bei vergnüglichen Tätigkeiten beobachten, die Ihnen wahrscheinlich auch Spaß machen würden. Doch irgendwie stellen Sie sich gar nicht die Frage, ob Sie das auch einmal probieren wollen. Warum eigentlich nicht? Die Inline-Skaters erwecken deutlich den Eindruck, als würde ihnen das Fahren auf Rollen Vergnügen bereiten. Sind Sie als Kind nicht auch gern Rollschuh gelaufen? Ja? Dann besorgen Sie sich doch einfach ein Paar Skaters und fahren damit los. Sie haben Angst zu fallen? Fangen Sie langsam an, abends auf einem menschenleeren Platz, mit einem Geländer in der Nähe. Sie werden sehen, daß Sie es gar nicht brauchen. Wenn Sie früher Rollschuh oder Schlittschuh gelaufen sind, können Sie das auch heute noch. Sie fürchten, Sie seien zu alt und sehen lächerlich aus? Fangen Sie irgendwo an, wo man Sie nicht kennt. Sobald Sie sicher geworden sind, kommt Ihnen die Frage, was «die anderen» von Ihnen denken, schon weniger wichtig vor, und das ist sie in der Tat.

Mit kleinen Schritten den Weg des Neuen gehen

Seien Sie wachsam, wann immer Ihnen der Gedanke kommt: «Das würde mir gefallen, dazu hätte ich auch mal Lust.» Denken Sie nicht: «Schade, daß ich niemanden kenne, der Schach spielt oder Badminton», sondern überlegen Sie, wie Sie Ihren Wunsch nach einem passenden Partner umsetzen können. Gibt es einen örtlichen Schachverein oder Badminton-Club, so dürfte es nicht schwierig sein, dies über das Telefonbuch herauszubekommen. Zur Not annoncieren Sie in der Zeitung.

«Dazu hätte ich auch mal Lust»

Haben Sie einen Artikel über eine interessante Ausstellung Ihres Lieblingsmalers in einer anderen Stadt gelesen? Kaufen Sie sich doch eine Zugfahrkarte und besuchen die Ausstellung. Sie werden tiefe Eindrücke gewinnen.

Vorsatz:
Heute lasse ich mich von
meinen Lustimpulsen leiten
und will etwas ganz
Unerhörtes tun.

Träumen Sie von einem Ayurveda-Wochenende, an dem Sie sich massieren, verwöhnen und Leib und Seele baumeln lassen können? Besorgen Sie sich eine Liste mit Adressen (z.B. in einer Alternativbuchhandlung oder in einem Ayurveda-Kochbuch), fordern Sie dort Informationsmaterial und Preislisten an, und sparen Sie sich das Geld für dieses Wochenende, oder wünschen Sie es sich zum Geburtstag.

Vielleicht sind Sie ein großer Fan einer Schauspielerin oder eines Sängers. Dann sollten Sie Ihren Star live erleben. Behalten Sie die Theater- und Konzertveranstaltungen im Blick, die regelmäßig in der Zeitung angekündigt werden. Rufen Sie bei den dort angegebenen Nummern an, und erkundigen Sie sich, wie man an Karten kommt.

Bedauern Sie, als Kind nicht die Möglichkeit gehabt zu haben, ein Instrument zu lernen, Gesangs- oder Tanzunterricht zu nehmen oder einen Skikurs zu besuchen? Nichts hindert Sie daran, das nachzuholen. Sie wollen die Musik oder den Sport doch zu Ihrem Vergnügen betreiben und nicht professionell. Lassen Sie sich nicht von dem Argument einschüchtern, daß man bestimmte Dinge nur als Kind erlernen kann. Genügend Anfängerkurse für Erwachsene beweisen das Gegenteil.

In den meisten Fällen reicht ein geringer Aufwand, um näher an solche, zunächst unrealisierbar scheinende Ziele heranzukommen. Eine neue Frisur oder Lippenstiftfarbe können ein wichtiger Impuls für einen Neubeginn sein. Raffen Sie sich auf: Die kleine Anstrengung kann eine große und befriedigende Wirkung nach sich ziehen.

Affirmation:
Es ist nie zu spät, meine Wünsche zu verwirklichen.

⇨ Carpe diem

Glücksmomente III

Glück und Schmerzlosigkeit müssen wir dankbar annehmen und genießen, aber nie fordern.

Wilhelm von Humboldt

Der Geruch von Stechapfelholz beim ersten Herbstfeuer …

Nach dem Frühstück wieder ins Bett gehen …

Die kühle Hand meiner Mutter auf der Stirn, wenn ich früher fieberte …

Entdecken, daß der Gesprächspartner genau die gleiche Wellenlänge hat …

Der Geruch von Pilzen und Erde bei einem Waldspaziergang im Herbst …

Der Glühwein auf dem Weihnachtsmarkt …

Die exotischen Gewürzstände auf dem Münchner Viktualienmarkt …

Nach einem längeren Auslandsaufenthalt heimkommen …

Den Kindern mein Lieblingsbuch aus der eigenen Kindheit vorlesen …

Der Geruch der Liebe auf meiner Haut …

Auf einer Wildwiese Blumen pflücken und mit meiner Tochter einen Haarkranz flechten …

Die tiefe Erschütterung am Ende eines Dramas …

Mit jemandem reden

Gib deinem Kummer Worte. Der Gram, der nicht spricht,
wispert im überlasteten Herzen fort und bringt es zum Brechen.

William Shakespeare

Haben Sie manchmal das Bedürfnis, mit jemandem über
ganz intime Dinge oder Ihre verborgensten Gefühle zu
sprechen? Was tun Sie dann?

Als ich mir vor einigen Jahren diese Frage stellte und
mit «Nichts» beantwortete, wußte ich, daß ich mir einen
Gesprächspartner für solche Bedürfnisse suchen mußte.
Aber wen? Eine Psychotherapie erschien mit übertrieben.
So dringend war mein Gesprächsbedürfnis auch wieder
nicht, als daß ich mir einen professionellen Ansprechpart-
ner hätte suchen wollen. Aber bestimmte Bereiche wollte
ich gern auch mit jemand anderem als mit meinem Mann
besprechen, und meine Bekannten und Freunde garantier-
ten mir nicht die Anonymität, die ich für diese Gespräche
wünschte. Unmöglich hätte ich einen Konflikt in meiner
Partnerschaft mit einer Freundin besprechen können, die
uns beide ja kannte. Ich wäre mir nicht loyal gegenüber
meinem Mann vorgekommen, dem eine solche Offenbarung sicherlich nicht recht gewesen wäre. Eben aufgrund
dieser Sackgasse tat ich also, wie gesagt, «nichts».

Distanz und Nähe Nach einem Umzug in eine andere Stadt wurde mir bewußt, daß die Briefe, die ich mit den alten Freundinnen wechselte, irgendwann eine zunehmend persönliche Note bekamen. Ich erfuhr sehr private Einzelheiten aus ihrem Leben, die mir jahrelang zuvor trotz regelmäßigen Austauschs verborgen geblieben waren. Manchmal kam es mir so vor, als nutzten meine Freundinnen geradezu dankbar die räumliche Distanz zwischen uns aus, um mir ihre Geheimnisse anzuvertrauen. Auch ich wurde offener in meinen Briefen. Die Entfernung zwischen uns hatte Quantität durch Qualität ersetzt, so daß unser Bedürfnis nach sehr persönlichen Gesprächen zuerst brieflich, später auch bei persönlichen Begegnungen erfüllt werden konnte. Dieser Umzug stellte also für mich eine große Chance und Bereicherung dar.

Eine Bestätigung dieser Erfahrung habe ich kürzlich von einer Bekannten erhalten, die mir erzählte, daß sie aus genau demselben Grund gegenüber Fremden, etwa im Urlaub oder anläßlich eines Wochenendseminars, sehr viel offener sei als bei ihren Alltagskontakten. Ganz bewußt nutze sie die Gelegenheit zu Gesprächen mit Menschen, die ihr sympathisch seien, wenn sie Antworten auf heikle Fragen suche, zu denen sie sonst niemanden um Rat bitten würde.

Und meine Freundin Karla geht sogar noch einen Schritt weiter. Sie zieht regelmäßig abends durch Kneipen, wo sie, am Tresen sitzend, Kontakt sucht. Auch wenn es gelegentlich zu Mißverständnissen kommt, weil manche Männer glauben, Karla sei auf mehr als nur Gespräche aus, ist sie im allgemeinen sehr zufrieden mit den Erfahrungen, die sie bei ihren abendlichen Ausflügen macht. Meistens führt sie, wie sie sagt, sehr schöne, offene Gespräche mit wildfremden Menschen. Allen Beteiligten ist von vornherein klar, daß es sich um einmalige Gespräche handelt. Man stellt sich nur mit dem Vornamen vor und geht schließlich in dem Bewußtsein auseinander, eine freundschaftliche, wenn auch folgenlose Begegnung erfahren zu haben.

⇨ Geben und Nehmen

Affirmation:
Wenn ich offen über mich
mit jemandem spreche,
wird mir vieles erst richtig
klar.

Zuversicht ist erlernbar

Wende dein Gesicht zur Sonne,
dann fallen die Schatten hinter dich.

Maori-Sprichwort

Viele wissenschaftliche Untersuchungen zeigen einen deutlichen Zusammenhang zwischen körperlicher Gesundheit und der optimistischen Zuversicht, die Kontrolle über sein Leben zu haben. So wurde in den USA Patienten bei Rückenoperationen mitgeteilt, sie könnten während der Operation den Blutverlust selbst beeinflussen. Diese Patienten verloren durchschnittlich 500 cm³ Blut, während die Kontrollgruppe der Patienten, die nicht mit dieser Einstellung in die Operation gingen, 900 cm³ Blut verloren. Oder: Optimistische Frauen erkrankten seltener an Gebärmutterhalskrebs. Oder: Alte Menschen, die ihren Gesundheitszustand als schlecht einstuften (unabhängig von den Ergebnissen medizinischer Untersuchung), starben deutlich früher als diejenigen, die sich ihrer Meinung nach guter Gesundheit erfreuten (auch wenn diese weniger gut war als gedacht). Oder: Medizinisch genau informierten Arthritispatienten wurde mitgeteilt, sie könnten ihren Gesundheitszustand dank ihrer guten medizinischen Kenntnisse verbessern, und tatsächlich verbesserte er sich bei den meisten (im Gegensatz zu der Kontrollgruppe), weniger aber aufgrund der Kenntnisse als wegen ihres Glaubens an eine Verbesserung. Eindeutig kann das Gefühl, gesund oder nicht gesund zu sein, den Gesundheitszustand beeinflussen. Gleiches gilt auch für andere Bereiche: Die Erwartung des eigenen Mißerfolgs lenkt unser Verhalten entsprechend.

Auch wie wir mit Mißerfolgen umgehen, entscheidet über unser Wohlbefinden. Geben wir uns grundsätzlich die Schuld an einem Scheitern, schwächen wir unser Selbstbewußtsein und fordern weitere Mißerfolge geradezu heraus. Dabei ist es den meisten Menschen nicht einmal bewußt, daß sie zu negativ denken. Was ihnen «realistisch» erscheint, ist vielleicht einfach eine pessimistische Grundhaltung. Vergleichende Untersuchungen haben gezeigt, daß Frauen eher dazu neigen, bei Mißerfolgen sich selbst die Schuld zuzuschieben, während Männer äußere Ursachen für ein Scheitern verantwortlich machen.

Ich fühle mich gesund, also bin ich's

Überprüfen Sie Ihre Reaktionen auf Erfolg und Mißerfolg. Sagen Sie eher: «Hätte ich mich verständnisvoller gezeigt, wäre meine Beziehung nicht zerbrochen», oder vielmehr: «Mein Partner steckte in einer schweren persönlichen Krise»? Suchen Sie die Gründe für Mißerfolg weniger in sich selbst als vielmehr außen. Hingegen wäre es fatal, ein Erfolgserlebnis als merkwürdigen Zufall zu begreifen.

Auf unser Glück und unsere Gesundheit nehmen wir unbewußt durch die innere Einstellung zu uns und der Welt um uns herum Einfluß. Wir sollten uns nicht dauerhaft als den Mittelpunkt begreifen, um den herum sich al-

Vorsatz:
Auch Mißerfolge gehören zum Leben. Ich will mich durch sie nicht kränken lassen, sondern aus ihnen lernen und meinen Weg zuversichtlich weitergehen.

les äußere Leben organisiert. Das erzeugt gezwungenermaßen Frust und Enttäuschung, denn so ist das Leben nun mal nicht. Aber umgekehrt dürfen wir getrost davon ausgehen, daß vieles zu unseren Gunsten läuft, weil wir kompetent, freundlich, sympathisch und eben berechtigterweise voller Selbstvertrauen sind.

Mit Negativem positiv umgehen lernen

Durch kleine Schritte können wir lernen, mit Negativem positiv umzugehen, und so unser Selbstvertrauen stärken. Unser Handeln sollte davon bestimmt sein, daß wir herausfordernde Situationen eher annehmen, als vor ihnen davonzulaufen. Dabei gilt die Regel, daß man die Herausforderung am ehesten lustvoll und erfolgreich meistert, wenn der Schwierigkeitsgrad nicht zu hoch ist.

Ein guter Anfang ist es, die negative Sicht auf die Welt in etwas Positives zu verwandeln. Weder sich selbst noch anderen sollte man ständig von dem Elend, dem Deprimierenden oder Alltagsärger erzählen. Seien wir nicht ewig miesepetrig, sondern konzentrieren wir uns auf das Schöne um uns herum: den Frühling, die guten Freunde, den lieben Partner, das letzte Erfolgserlebnis, das leckere Essen des Vorabends ... Und wenn Ihnen erst mal gar nichts Positives einfällt, freuen Sie sich über das Wetter, so lange, bis Ihnen allmählich auch noch andere positive Details bewußt werden.

Affirmation:
In meinem Leben gibt es viele positiven Dinge. Ich bin gesund und glücklich und dafür voller Dankbarkeit.

⇨ Ich bin stark, gesund und glücklich – die Macht der Suggestion

Wichtiges von Unwichtigem unterscheiden

Nicht den Tod sollte der Mensch fürchten;
vielmehr sollte er fürchten, nie mit dem Leben zu beginnen.

Marc Aurel

Unser Leben ist von Streß, Hektik und Schnelligkeit bestimmt. Alle haben ständig zu tun: die Kinder, die
Freunde, unser Partner, wir selbst. Dauernd klingelt das
Telefon, kommen Faxe, Briefe, haben wir Termine. Kaum
kommen wir dazu, die vielen Signale voneinander zu unterscheiden. Manche sind unwichtig – etwa das des Vertre-
ters, der uns am Telefon etwas verkaufen will, das wir
nicht gebrauchen können. Andere sind wichtig – so die
Signale unserer Kinder, die unsere Aufmerksamkeit brauchen.

Wenn wir das Wichtige nicht mehr von Unwichtigem
unterscheiden können, wenn wir uns also auf eine viertel-
stündige Diskussion mit dem Vertreter einlassen, dafür
aber völlig entnervt anschließend unsere Kinder abwim-
meln, dann sollten wir uns schleunigst fragen, wer uns eigentlich mehr wert ist.

Manchmal sind die lautesten Signale, die unsere Aufmerksamkeit fordern, die schädlichen. Wenn wir zulassen,
daß das Telefon uns während des Abendessens ruft, der
einzigen Zeit, wo die ganze Familie beisammen sitzt, stellen wir den Anrufer über uns und unsere Familie. Und da-

bei spielt es dann keine Rolle, ob unsere beste Freundin oder ein Geschäftspartner anruft.

Vorsatz:
Heute will ich mich nicht wegen Kleinigkeiten aufregen, sondern meine Energie für die wirklich wichtigen Dinge verwenden.

Eine Möglichkeit, sich von der Tyrannei des Telefons unabhängig zu machen, ist ein Anrufbeantworter. Er hat zudem den Vorteil, daß Sie entscheiden können, wann Sie mit wem sprechen. Noch entschiedener wehren Sie sich gegen die Eingriffe in Ihren Privatbereich, wenn Sie zu bestimmten Zeiten das Telefon einfach abstellen, um vollkommen von äußeren Einflüssen unbehelligt zu bleiben. Entscheiden Sie, auf welche Weise Sie verhindern, daß Ihnen durch unnötige Ablenkungen Energie geraubt wird.

Was ist wichtiger?

Was ist wichtiger: ein schickes Auto, ein eigenes Haus, gesunde Kinder, jeden Abend ausgehen können, leidenschaftliche Liebe, ein Ehering, eine tolle Figur, Klugheit, Schönheit, Gesundheit, eine befriedigende Arbeit …? Ich weiß es nicht. Die Prioritäten setzt sich jeder selbst in seinem Leben.

Ich habe die Erfahrung gemacht, daß es mir sehr gut bekommt zu testen, ob meine Wünsche auch langfristig Bestand haben. Wenn ich einen sündhaft teuren Mantel gesehen habe, der mir gut gefällt, frage ich mich, wieviel es mir wert ist, diesen Mantel zu tragen. Bin ich bereit, das viele Geld auszugeben und auf andere Dinge zu verzichten? Kann ich meinen Lebensstandard für eine bestimmte Zeit senken, um mir diesen Wunsch zu erfüllen? Nach ein, zwei, drei Nächten weiß ich dann genau, wie wichtig mir der Mantel ist – oder auch nicht ist.

Oder wie soll ich meinen Jahresurlaub verbringen? Einerseits habe ich die Möglichkeit, auf Geschäftskosten eine Freundin zu begleiten, die einen Film in Südamerika dreht; andererseits ist diese Zeit die einzige Möglichkeit, wo ich mit meiner Familie im Urlaub zusammen sein könnte – auch wenn es wieder nur auf den Bauernhof geht. Bei einer solchen Entscheidung muß ich mich genau befragen, was letztlich die bessere Wahl ist. Die Gedanken und Gefühle meiner Familie sind dabei mit einzubeziehen und sorgfältig alle Punkte gegeneinander abzuwägen. (Und mit etwas Glück findet sich sogar ein Kompromiß.)

Affirmation:
In der Stille erforsche ich meine wahren Wünsche und finde heraus, was mir wichtig ist.

Ein Hauptkriterium aber sollte immer die Frage sein, ob diejenigen, die uns am nächsten stehen und die wichtigsten Menschen in unserem Leben sind, auch die entsprechende Aufmerksamkeit und liebevolle Zuwendung von uns erhalten.

⇨ Einkehr / Im Gleichgewicht zwischen Egoismus und Altruismus / Der Intuition vertrauen

Der Intuition vertrauen

Das Tor des geheimnisvollen Weiblichen,
das ist die Wurzel von Himmel und Erde.

Laotse

Immer wieder höre ich Klagen von Frauen darüber, daß sie sich gegenüber Männern wegen der biologischen Unterschiede benachteiligt fühlen. Schwangerschaft und Mutterschaft hinderten sie, sich für ihren Lebensweg frei zu entscheiden. Zu eng sei der Rahmen, der ihnen aufgrund ihres Frauseins zur Verfügung steht. Zudem leiden sie unter hormonell bedingten körperlichen und Gefühlsschwankungen.

Sicher ist es irritierend, daß wir vor der Menstruation gereizt, aggressiv oder depressiv sind, aber diese sensible Reaktion auf hormonelle und andere Veränderungen in unserem Körper und außerhalb hat auch sehr positive Aspekte. Wir Frauen sind keine Maschinen, die auf Knopfdruck immer alles gleich erledigen. Kein Grund zu hadern, im Gegenteil liegen hier unsere Stärken, die häufig unter dem Begriff der weiblichen Intuition zusammengefaßt werden.

Die Stimme der Intuition

Die starke Beweglichkeit unserer Gefühle bedeutet eine große Chance: Sie hält uns offen und wach für intuitive Gedanken, für die plötzliche Eingebung, die innere Stimme, die uns schlagartig erkennen läßt, was richtig ist.

Die intuitive Erkenntnis ist nicht Folge einer gründlichen, vom Verstand gelenkten Überlegung, sondern kommt aus dem Unterbewußtsein. Hier sind Erfahrungen gesammelt, die plötzlich in Form einer klaren Überzeugung auftreten: das zunächst unerklärliche Mißtrauen gegenüber einem Geschäftspartner, die plötzliche Eingebung, daß man nach dem Baby sieht, die innere Stimme, die einem mitteilt, daß die Hunderte von Kilometern entfernt lebende Mutter erkrankt ist ... Kennen Sie ähnliche Beispiele Ihrer Intuition?

Sie ist eine wunderbare Gabe. Ihrer Stimme sollten wir vertrauen, ihren Rat suchen, denn sie vermag auf oft überraschende Weise Probleme zu lösen. Jeder Mensch hat sie in sich, aber bei einigen Menschen ist sie unter dem Geröll von Streß, Lärm und Hektik des Alltags verschüttet. Intuition braucht Ruhe, Entspannung und den Kontakt zur inneren Stimme. Sie können Ihre intuitive Kraft durch eine Meditationsübung stärken:

Sie entspannen sich. Sie wollen Ihrem Unterbewußtsein begegnen, ihm nahe sein und mit ihm Freundschaft schließen. Stellen Sie sich spontan vor, wo in Ihrem Körper Sie es finden werden: im Kopf, im Bauch, im Herz oder woanders? Wie sieht es aus? Ist es ein friedlicher, tiefer, mondbeschienener See, das Meer oder eher eine Quelle? Vielleicht stellt es sich Ihnen als eine Feuerkugel oder eine tiefe Wurzel dar? Wenn Sie das Bild für Ihr Unterbewußtsein gefunden haben, begrüßen Sie es. Erklären Sie ihm, wie sehr Sie es bewundern, wie froh Sie sind, daß es zu Ihnen gehört. Bitten Sie darum, daß es Ihnen weiterhin mit Intuitionen zur Seite steht. Empfinden Sie Freundschaft

Übung zur Stärkung der Intuition

und Zärtlichkeit. Beim Abschied bedanken Sie sich und versprechen wiederzukommen. Sie haben einen wunderbaren Freund, der Ihr stärkster Verbündeter sein wird.

Wenn Sie diese Übung häufiger machen, wird sich wahrscheinlich einiges in Ihrem Leben verändern. Die Wechselbeziehung zwischen Ihren bewußten und unterbewußten Schichten führt zu großer Lebendigkeit. Sie werden kraftvolle Träume haben und sicherlich bald schon feststellen, daß Sie mit mehr intuitiven Einsichten beschenkt werden.

Vorsatz:
Ich möchte mehr über meine
intuitiven Kräfte erfahren
und will herausfinden,
wann diese am stärksten
wirken.

In vielen alten Kulturen wurde Luna, la lune, der Mond (in den romanischen Sprachen weiblichen Geschlechts) als Göttin der weiblichen Intuition verehrt. Es gibt einige bekannte und erforschte Zusammenhänge zwischen den Zyklen des Mondes und seines Einflusses auf das Wasser auf der Erde wie Ebbe und Flut der Meere. Geburt, Eisprung, Menstruation sind bekanntermaßen von Mondphasen beeinflußt. Auch der Zusammenhang zwischen Vollmond und Verbrechen aus Leidenschaft ist bekannt. Der Mond beeinflußt unseren Schlaf, unsere Stimmungen und unsere innere Stimme. Untersuchen Sie den Einfluß der Mondphasen auf Ihre Intuition, indem Sie über mehrere Monate hinweg tabellarisch festhalten, an welchem Tag des Mondzyklus Sie welche Emotionen empfunden haben.

Hierzu vergleichen Sie folgende Merkmale miteinander: Mondzyklus, weiblicher Zyklus, Stimmungen, Beschwerden

	I	II	III	IV
1.				
2.				
3.				
4.				
5.				
6.				
7.				
8.				
9.				
10.				
11.				
12.				
13.				
14.				
15.				
16.				
17.				
18.				
19.				
20.				
21.				
22.				
23.				
24.				
25.				
26.				
27.				
28.				
29.				
30.				
31.				

Tabelle zur Überprüfung des Mondeinflusses auf den weiblichen Rhythmus

In Spalte I tragen Sie ein, wann Neumond, Vollmond, zunehmender und abnehmender Mond ist.

In Spalte II vermerken Sie, an welchen Tagen Menstruation und Eisprung sind. Interessant ist die zusätzliche Notierung der täglichen Basaltemperatur, d.h. der morgens vor dem Aufstehen gemessenen Körpertemperatur.

Spalte III hält Ihre jeweilige Stimmung fest. Hier können Sie etwa auf folgende Abkürzungen zurückgreifen: d = depressiv / b = besonnen, introvertiert, nach innen gerichtet / a = aktiv, unternehmungsfreudig / e = euphorisch …

Schließlich gibt Spalte IV eine Übersicht über die körperlichen Beschwerden, z.B. des prämenstruellen Syn-

In vielen alten Kulturen wurde Luna als Göttin der weiblichen Intuition verehrt.

droms. Dieses äußert sich bei vielen Frauen darin, daß sie einige Tage vor Eintreten der Menstruation unter Beschwerden wie Bauchschmerzen, Migräne, Übelkeit, Gereiztheit, Aggressivität, Ziehen in Bauch und Brust u.ä. leiden.

Wenn Sie über einen längeren Zeitraum regelmäßig Ihre tägliche Befindlichkeit notieren und mit den Zyklen des Mondes vergleichen, erkennen Sie vielleicht Zusammenhänge zwischen dem Mond- und Ihrem weiblichen Rhythmus, die es Ihnen erleichtern, Ihre Stimmungen besser zu begreifen oder auch sich zu bestimmten Zeiten stärker auf Ihre Intuition zu verlassen.

Affirmation:
Ich lausche und vertraue der zarten Stimme in mir und lasse mich von ihr lenken.

⇨ Die Sprache meiner Träume / In mich hineinhorchen: eine Körperreise / Einkehr

Mit Schuldgefühlen umgehen

Im Willen liegt die Schuld, nicht in der Tat.
Sprichwort

Schuldgefühle sind anscheinend vor allem Frauensache: Wir fühlen uns schuldig, weil wir berufstätig sind und nicht genug Zeit mit den Kindern verbringen, oder weil wir zu müde sind, um mit dem Partner noch auf eine Party zu gehen, auf die er sich freut, oder weil der Nudelauflauf nicht so gut schmeckt, wie wir uns das vorgestellt haben, oder weil unsere Gäste sich gelangweilt haben, oder ...

Die Neigung, sich ständig unangemessen die Schuld zu geben, verleidet es vielen Frauen, das Leben unbeschwert zu genießen. Ist das nicht ungerecht? Ich habe oft mit Frauen über dieses Thema gesprochen und mich nach Strategien gegen diese maß- und haltlosen Schuldgefühle umgehört.

Auf Schuldgefühle reagieren

Viele Frauen versuchen sich das auftauchende Schuldgefühl als typisch weibliche Reaktion bewußtzumachen. Das helfe ihnen, ihr Schuldgefühl einzuordnen als das, was es in Wirklichkeit ist, nämlich eine unbegründete Reaktion. So können sie besser mit der Situation umgehen, die dieses Gefühl auslöst.

Andere bemühen sich, ihrem schlechten Gewissen gegenüber dem Partner oder den Kindern durch Organisation sowenig Nahrung wie möglich zu geben: indem sie eine feste Zeit einrichten, in der sie sich nur um ihre Nächsten kümmern. Nach der Arbeit beschäftigen sie sich mit den Kindern, und nach dem Abendessen widmen sie sich aufmerksam ihrem Partner. Aber bei diesem Eiertanz kommen sie selbst oft zu kurz, da die Zeit für die Befriedigung ihrer eigenen Interessen und Wünsche fehlt.

Als sehr wirkungsvoll erlebte eine von mir befragte Frauengruppe ein Ritual, bei dem die Schuldgefühle bei einem Duschbad fortgespült werden.

Anleitung:
Ritual zur Auflösung von Schuldgefühlen

Wenn Schuldgefühle Sie bedrücken, reinigen Sie sich äußerlich und innerlich von ihnen. Stellen Sie sich unter die Dusche, und drehen Sie das Wasser bis zum Anschlag auf. Reiben Sie den ganzen Körper kräftig mit einem Schwamm ab. Dabei stellen Sie sich vor, daß Sie sich von der Schuld befreien. Diese wird von Ihrem Körper abgespült und fließt in den Abfluß. Unter dieser Schicht der Schuld kommen nun verkrustete Rollenpanzer zum Vorschein, die dafür verantwortlich sind, daß Sie sich immer wieder ungerechtfertigt Schuld für etwas geben, für das Sie gar nicht verantwortlich sind. Stellen Sie sich diese Schicht möglichst konkret vor. Sagen Sie etwa: «Du zwingst mich in die Rolle der lieblosen Mutter, aber das bin ich nicht!» Gleichzeitig waschen Sie auch diese Schicht von Ihrem Körper. Visualisieren Sie, wie der rissig gewordene Rollenpanzer von Ihnen abfällt, sich auflöst und ebenfalls im Abfluß verschwindet.

Ein Duschbad kann auch der rituellen Befreiung von Schuldgefühlen dienen.

Nun fühlen Sie sich befreit und unendlich erleichtert. Trocknen Sie sich ab, und cremen Sie Ihren Körper mit einer wohlduftenden Lotion ein. Sagen Sie sich, daß Sie ein guter Mensch sind, auch wenn Sie, wie jeder, mal einen Fehler machen.

Affirmation:
Ich mache mir bewußt, daß ich mein Bestes tue, um allen gerecht zu werden. Meine Schuldgefühle sind daher völlig grundlos. In meinem Geiste löse ich sie in nichts auf.

⇨ Nein sagen / Dampf ablassen / Ängsten ins Gesicht sehen

Ein Spruch für jeden Tag

Eine bereichernde Art, mit Ihrer spirituellen Seite in Kontakt zu treten, besteht in der Meditation über Sinnsprüchen. Nicht aufgrund der flüchtigen Lektüre von bestimmten Weisheiten bahnen diese sich einen Weg in Ihr Inneres, wohl aber durch intensive meditative Beschäftigung mit ihnen.

Sammeln Sie in Ihrem Tagebuch oder auf einem Blatt Papier Zitate, die Ihnen viel bedeuten, und wählen Sie jeden Tag einen Spruch aus, mit dem Sie sich beschäftigen. Sie können dies in schriftlicher Form tun, indem Sie etwa in Ihr Tagebuch notieren, was der Tagesspruch Ihnen bedeutet und in welcher Beziehung er zu Ihrem Leben steht. Sie können ebensogut über den Spruch meditieren, Bilder in Ihrem Inneren aufsteigen lassen, die ihm eine Bedeutung geben. Nehmen Sie seine Aussage in sich auf, und machen Sie ihn sich im Laufe des Tages immer wieder bewußt.

Im folgenden habe ich eine Reihe von Sprüchen notiert, mit denen Sie möglicherweise anfangen möchten. Gehen Sie nicht kritisch-intellektuell an diese Sprüche heran, sondern nehmen Sie sie an, wie sie sind, und lassen sie in sich wirken.

- Liebe das Leben, und das Leben liebt dich.
- Höre nicht auf, nach der Wahrheit zu suchen, auch wenn der Weg dorthin beschwerlich ist.
- Unbemerkte Gewohnheiten sind ein schleichendes Übel.
- Um zur Quelle zu kommen, muß man gegen den Strom schwimmen.
- Wer auf sein Glück verzichtet, hat sein Leben verfehlt.
- Wir sollten unsere Tiefen suchen und uns so annehmen, wie wir sind, und doch sollten wir nie vergessen, daß in uns die Kraft wohnt, uns zu verbessern.
- Wieviel Freude hält die Welt bereit, wenn sie mit den Augen eines Kindes wahrgenommen wird.
- Der Pessimist entdeckt an jeder Chance die Schwierigkeiten, der Optimist an jeder Schwierigkeit die Chancen.
- Erst die Gedanken beruhigen, dann sie loslassen.
- Wo ist der Eingang zu meiner Lust, und wo der Ausgang aus meinem Frust?
- Handle nicht in wilder Wut. Man sollte nicht während eines Sturms aufs Meer hinaussegeln.
- Es gibt für jedes Problem eine Lösung. Man muß nur hartnäckig genug danach suchen.
- Jede Krise ist eine Chance.
- Sorgen haben keinen Marktwert. Warum sollte man sie also sammeln?
- Die Zeit vergeht wie im Flug, wenn man in Eile ist. Und wenn wir unser Tempo einfach drosseln?
- Was schnell wächst, welkt schnell; was langsam wächst, hat Dauer.
- Das ganze Leben ist ein Experiment.
- Es gibt keine schlechten Erfahrungen.

Empfehlenswert ist es in diesem Zusammenhang, sich täglich eine Karte aus dem Tarotspiel zu ziehen und die darauf enthaltene Information zum Leitgedanken des Tages zu machen. Probieren Sie aus, was Ihnen am besten zusagt.

Affirmation:
Täglich erweitere ich meinen Horizont in alle Richtungen.

⇨ Welche Meditationsform ist für mich die richtige?

Lebensplanung

Was immer du erstrebst, kannst du bekommen,
vorausgesetzt, das Streben nach dem Ziel
deiner Wünsche ist stark genug.

Amanamayee Mee

Glücklich diejenigen, denen es (hin und wieder) gelingt, ganz in der Gegenwart zu leben. Wir alle streben nach diesem Glück. Und doch brauchen wir eine gewisse Ordnung in unserem Leben, die Zukunftsplanung voraussetzt.

Dabei braucht man ja nicht so stur und dogmatisch vorzugehen wie manche Leute, die meinen, Ihr Leben auf Jahre genau vorauszuplanen: 1998 Hausbau, 1999 Empfängnis, 2000 Geburt des ersten Kindes usw.

Einige Blätter Papier, ein Stift und etwas Muße können schon einen großen Einfluß auf die innere Ordnung unseres Lebensplans haben. Versuchen Sie einmal folgendes: Schreiben Sie auf jedes Blatt einen Begriff, der für Ihr Leben wichtig ist, wie «Beruf», «Liebe», «Gesundheit», «Familie», «Lebensstandard» usw. Nehmen Sie sich dann jeden Begriff einzeln vor, und füllen Sie ihn mit konkreten Vorstellungen. Notieren Sie diese auf dem passenden Blatt, und stellen Sie sich Ihre Ideen und Wünsche so bildhaft wie möglich vor. Sie selbst bewegen sich in Ihren Phantasien. Wenn Sie zum Thema «Liebe» sich «eine erfüllte Beziehung zu einem verständnisvollen, zärtlichen Mann» wünschen, so schließen Sie die Augen und visualisieren das Zusammensein mit einem solchen Partner, der Ihre zärtlichen sexuellen Wünsche ebenso erfüllt, wie er ein wunderbarer Freund ist, mit dem Sie herumalbern und über alles sprechen können.

Schreiben Sie ohne Hemmungen alle Ihre Sehnsüchte auf. Niemand braucht Ihre Blätter in die Hände zu bekommen, Sie können sie sicher verschließen oder verbrennen.

Sämtliche Sehnsüchte sammeln

Was Sie sich notieren, spiegelt Ihre innersten Wünsche wider. Diese prägen unterbewußt Ihr Handeln zur Verwirklichung Ihrer Wunschziele. Und je konkreter Sie sich selbst in einer gewünschten Situation immer wieder vorstellen, desto leichter wird es, sie zu verwirklichen. Ihr Unterbewußtsein arbeitet mit daran, Situationen zu erkennen, in denen Sie zielgerichtet handeln können.

Vorsatz:
Heute werde ich mir ehrlich meine geheimsten Sehnsüchte eingestehen und überlegen, wie sie zu verwirklichen sind.

Gestehen Sie sich aber die Freiheit zu, Ihre Vorstellungen im Laufe der Zeit zu verändern. Vielleicht sammeln Sie Erfahrungen, die Sie dazu bringen, neue und andere Sehnsüchte in einem bestimmten Bereich zu hegen. Daher ist es ratsam, diese Art von Brainstorming gelegentlich zu wiederholen.

Affirmation:
Ich nehme mein Leben in die eigenen Hände. Ich trage die Hauptverantwortung dafür, daß ich am Ende eine positive Bilanz ziehen kann.

⇨ Fühl' ich mich wohl? / Einkehr

Im Gleichgewicht zwischen Egoismus und Altruismus

Niemand kann seine Sicherheit
auf dem Edelmut eines anderen aufbauen.

Willa Cather

Die Entfaltung der eigenen Persönlichkeit ist ein sensibler Prozeß zwischen Innen und Außen. Einerseits fordern unsere Triebe und Lustimpulse ihr Recht, andererseits stellt die Gesellschaft Ansprüche an uns und drängt uns Rollen auf, in denen wir funktionieren. In diesem Prozeß ist es manchmal schwierig, seinen Weg zu finden.

Aber bei genauerer Betrachtung sind die gegensätzlich erscheinenden Ansprüche gar nicht so unvereinbar. Wir dürfen egoistisch sein in dem Maße, wie dieser Egoismus niemanden kränkt und einschränkt. Im Gegenteil: Ein gesunder Egoismus kann das gesellschaftliche Miteinander klarer regeln, als wenn man die eigenen Wünsche zugunsten der Wünsche anderer zurückstellt. Ein gesunder Egoismus ist Ausdruck eines gefestigten Ego. Wenn wir unsere Wünsche und Vorstellungen äußern, wissen andere, woran Sie mit uns sind, und stellen sich darauf ein.

Vorsatz:
Ich will gerecht sein gegenüber mir und den anderen.

Sagen Sie deutlich Ihre Meinung, schlagen Sie anderen Wünsche ab, wenn Sie wollen, lassen Sie sich gehen, spielen Sie, verwöhnen Sie sich und lassen sich verwöhnen.

Dies steht in keinem Widerspruch dazu, daß gelungene Selbstverwirklichung sich ebenso in der Zuwendung zu anderen ausdrückt. Seien Sie freundlich und freundschaftlich, hilfsbereit und mitleidend, nehmen Sie Anteil an den Sorgen und Gedanken anderer, sowohl derjenigen, die Ihnen nahestehen, wie auch fremder Menschen.

Was Sie geben, erhalten Sie zurück, und dieses Feedback verstärkt wiederum Ihre Freude und Ihr Wohlbefinden.

Affirmation:

Ich befinde mich in einem stabilen Gleichgewicht mit meiner Umwelt, weil Geben und Nehmen ausgeglichen sind.

Zum Ausklang

In diesem Buch konnten Sie viele leicht durchführbare Vorschläge finden, wie Sie Ihr Lebensgefühl steigern, zu einer positiveren Grundhaltung gelangen und dadurch auch gesund bleiben oder werden können. Keiner der genannten Punkte wird Sie schlagartig zu einem neuen Menschen machen, und doch setzen kleine Veränderungen große Wirkungen in Gang: Wenn Sie sich wohl fühlen und

Freude ausstrahlen, fällt diese starke positive Wirkung wieder auf Sie zurück. Ihnen wird vieles leicht von der Hand gehen und gelingen, was Ihnen möglicherweise bisher ein Problem war. Sich selbst zu lieben und anzunehmen heißt gleichzeitig, seine Mitmenschen zu achten. Seien Sie freundlich und hilfsbereit zu anderen, und achten Sie gleichzeitig Ihre eigenen Wünsche und Bedürfnisse. Selbstlosigkeit und Selbstverwöhnung bilden ein ideales Gespann. Genießen Sie die Vielfalt der Natur, schützen Sie sie, und freuen Sie sich über alle spirituellen wie sinnlichen Freuden, die das Leben bereithält. Die vielen kleinen glücklichen Momente bilden die Basis für körperliches und seelisches Wohlbefinden. Lassen Sie das Lustprinzip in sich wirken, denn es beschert Ihnen sowohl sofortigen Genuß als auch lange anhaltende Gesundheit.

Literatur

Carper, Jean: Jungbrunnen Nahrung. Mit der richtigen Ernährung jung, fit und gesund bleiben. Düsseldorf 1996

Carrington, Patricia: Das große Buch der Meditation. Bern, München, Wien 1996 (5. Aufl.)

Diamond, Harvey: Das Diamond-Programm für Frauen. München 1997

Dunde, Siegfried Rudolf: Gesundheit aus der Seele schöpfen. Düsseldorf 1989

Fromm, Erich: Märchen, Mythen, Träume. Eine Einführung in das Verständnis einer vergessenen Sprache. Stuttgart 1980

Herzog, Dagmar: Mentales Schlankheitstraining. Die einfachste Methode, für immer schlank zu sein. München 1995

Langenbucher, Heike: Sprache des Körpers – Sprache der Seele. Wie Frauen gesund sein und sich wohlfühlen können. Freiburg, Basel, Wien 1991

Louden, Jennifer: Tu dir gut! Das Wohlfühlbuch für Frauen. Freiburg 1996 (10. Aufl.)

Mahanamo: Geheimnis der Vitalität. Neuwied 1995

Marx, Axel/Marx, Waltraud: Endlich vital & schlank. Abnehmen nach der Wellness-Methode. Steyr (A) 1994

Murty, Kamala: Malbuch Mandala. München 1996

Norfolk, Donald: Nie mehr müde und erschöpft. Frisch und vital in 28 Schritten. Kreuzlingen 1997 (5. Aufl.)

Ornstein, Robert/Sobel, David: Gesund durch Lebensfreude. München 1994

Rieth, Susi: Harmonieübungen. München 1993

Samitz, Günther: Das Wellness-Programm. Mit dem richtigen Gewicht zu mehr Wohlbefinden. Reinbek 1995

Schrott, Ernst: Gesund und jung mit Ayurveda. München 1996

Schutt, Karin: Ayurveda. Sich jung fühlen ein Leben lang. München 1995

Sievers, Knut: Elektrosmog – die unsichtbare Gefahr. München 1997

Simons, Anne: Das Schwarzkümmel Praxisbuch. Bern, München, Wien 1997

–: Öle für Körper und Seele. München 1997

Time-Life-Bücher: Wellness. Gesundheit und Wohlbefinden. Amsterdam 1989

Weikert, Wolfgang: Selbstheilung durch die Kraft der Gefühle. München 1995

Zehentbauer, Josef: Körpereigene Drogen. Die ungenutzten Fähigkeiten unseres Gehirns. München und Zürich 1992

€ 12,-